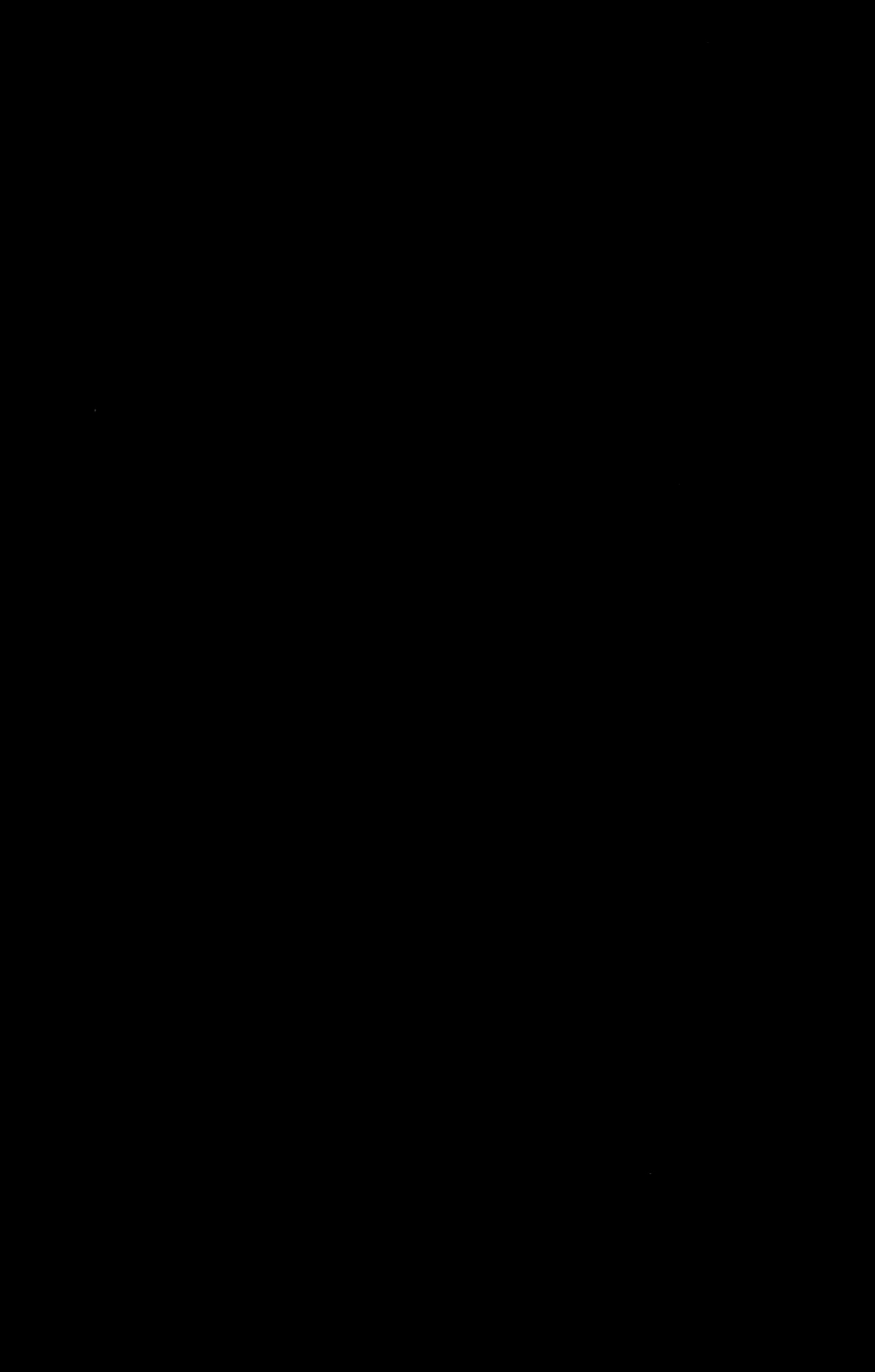

はじめに――これからのエリック・ホッファーのために

本棚遊びで英語とドイツ語を習得しつつも七歳の頃、原因不明の失明により初等教育を一切受けられなかった男がいた。

一五のときに突然視力が回復したものの、両親の死によって一八で天涯孤独の身となって日雇い労働で糊口を凌ぐ生活に突入し、二九のときにモンテーニュの『エセー』片手に季節労働者として各地を転々と渡っていく旅路を経、サンフランシスコの沖仲士（船から陸への荷揚げ荷下ろしを担う労働者）として働きつつ論文の執筆を始めたのが三九歳のことだった。知的な彼のことを仕事仲間は〈プロフェッサー〉と呼んだ。

そして、雑誌『コモン・グラウンド』に文章を投稿したことをきっかけに、処女作『大衆運動』（*The True Believer, 1951*）が出版される。後年に彼は「本を書く人間が清掃人や本を印刷し製本する人よりもはるかに優れていると感じる必要がなくなる時、アメリカは知的かつ創造的で、余暇に重点をおいた社会に変容しうるでしょう」[01/59]と述べた。

誰のことか？　もちろん、エリック・ホッファー（Eric Hoffer, 1902-1983）のことである。

波乱万丈な〈沖仲士の哲学者〉のことをもっと知りたければ『エリック・ホッファー自伝』〔作品社〕をめくるといい。いやいや、入門としては『波止場日記』〔みすず書房〕も捨てがたいか。ともかくも、羽田空港で貨物の積み下ろしの仕事に就いていた中上健次がいうように、「ホッファはまず生きている。働いている。自分と同じように生きてものを考えている沖仲士、生きてうごいているこの現実をみつめ、触わり、感じ、書く。〔中略〕ホッファの文章は、先っぽのほうまで実のはいったいんげん豆のように、確実な手ざわりがある」[02/282]。

さて、世の中で世の中を学んだホッファーの「手ざわり」から私たちはなにを学ぶべきなのだろうか。いささか嘘臭くさえ思える超人的なエピソードの数々か？　悪くはないが、それにもまして大事なことがあるだろう。すなわち、学校の外でガクモンする、という一見絶望的にも思えるけれども、その実、私たちのツマラナイ日常をオモシロで満たすための希望の道筋である。

大学や研究室や学会の外にもガクモンはあるじゃないか、本書はこの問題意識に貫かれている。

日本の学生たちは、いや、もっと狭くいって文系の大学院生は絶望の時代に生きているのだろうか。

そうかもしれない。ポスドクだとかアカハラだとかワープアだとか、四文字に省略され軽薄極まりないカタカナ語と化したにもかかわらず、その割には、かなりリアルで重たい大学の絶望的な現状をこまごまと確認しておく必要はもうないだろう。そんなことは、大学院重点化計画以降、様々な歪みが若手研究者を圧迫してきた状況をレポした水月昭道『高学歴ワーキングプア』（光文社新書、二〇〇七年）を筆頭にして、既に様々なメディアで喧伝されている。単純化していえば、大学院生は大学に就職できないし、しばしば目上の教授にイジメられるし、研究活動のかたわら長いあいだフリーターや非常勤講師として時給をセコセコと稼がねばならない。

　一言、大学はいま危機的だ、といえばそれで足りる。若手が安心して研究できる場所などもうどこにも確保されていないのだ。

　しかし、それで終わりだろうか？　明らかに、そうではない。たとえ大学が終わったとしても、私たちは生きている。生きて働いている。そう、小さなホッファーのように。ならば、彼がそうであったように、私たちもいまここから学問的研究への小さな一歩を踏み出すことができるはずだ。読み、書き、調べ、考え、まとめ、発表する一連のプロセスは、誰が許可したでもなく自生的に立ち上がる。

　アカデミシャンはもしかしたら、そんなのは学問じゃないトンデモだ、と言うかもしれない。もちろん、それは個々別々に見たときにしばしば的確な評価となるだろう。しかし、他方で、だからといって大学が存在しなかった時代に学的営みが存在しなかったわけでは当然ない。自生的に立ち上がった過去の研究が、あるいは、この瞬間もどこの大学に属さずに進行しているある研究が、現在の知の世界の一部分をかたちづくっていることは否定できない。

いいや、もっと率直に言おう。いいかげん、嘆き悲しみ、社会や他人のせいにするのはもうコリゴリだ。そいつらが本当に悪いのだとしても、悪者探しと不幸自慢で一生を終えるなんて一寸考えただけでもうウンザリ。大学なんて終わるのならば終わればいい。でも、私たちは終わらない。そして、私たちが愛する研究の営みも終わらない。大学が終わるのが惜しいのならば、終わったあとに、また一から始めたらいい。大事なのは、「廃墟と化した大学を嘆くことではなく、廃墟のあとに、いかなる未来図を描くのか」[03/244]ということだ。

これからの未来を構想するためには、これまでの過去から学ぶ必要がある。あるいは、一度として経験したことのない過去とは、現在生きる人間にとって、それ自体で既に未来的ではないだろうか？　私たちがよく注意しなかっただけで、少し振り返ってみれば、日本にもホッファーのように狭義の学術機関に頼らずに学的な営みをつづけてきた研究者たちの歴史がある。本書はその営為を**在野研究**と名づけ、それに従事する者たちを**在野研究者**と呼び、一六人の研究者のその生涯と業績をコンパクトに紹介することで、「未来図」のためのささやかな材料を提供することを目指したい。

漢語で「野」という言葉は、政府の外の民間の場所一般を指した。「野に下る（下野する）」という表現は、官職を退いて民間の世界に入ることを意味する。「在野」とは、だからまず第一義には、官（政府）の外の民の世界を指している。

ただ、ここでいう在野研究者とはもう少し限定した意味で用いている。

第一に、在野研究者は国立（官立）ないし私立を問わず、一八一九年のベルリン大学（日本では一八八六年の帝国大学）から始まった研究と教育が一体になった近代的大学に所属せず、そこから経済的に自立している者たちを指している。もちろん、一口に大学に属するといっても、教授と准教授と客員教授と非常勤講師との所属の度合いはそれぞれ異なる。本書では、生活の糧をどこから得ているかという視点を重視したい。研究とカネというテーマが在野研究の方法に関する最大の難所であるように思えるからだ。だからたとえ、晩年に大学の教師をしたり、大学で何度か講演をすることがあっても、生活と業績の中心が大学の外の時代にあったならば、立派な在野研究者の一人として取り上げる。

第二に、執筆された文章に論文的形式性があるものを在野研究として取り上げる。論理的思考、先行研究、引用作法、註、参考文献などの既存論文にある形式性が一定程度認められるものを在野研究の業績として考え、小説や詩や随筆などの創作物やいわゆる政治的文書は除外する。ただ、これは厳格に適用しない。時代によっても分野によってもしばしば異なる（学会誌的）論文の作法にかなわない場合でも、在野の重要な知見とみなせることがあると思うからだ。

第三に、故人を取り扱う。もちろん、現在も多くの在野研究者たちが活躍している。現在進行形に関する興味もないではないが、この本ではある伝記的事実がその知的生活にどんな意味をもっていたのかを中心に考えてみたい。その意味を考えるには、一度終了した生（＝全体像が確定した生）が格好の対象といえるだろう。

ありうる批判に先回りして応えておくならば、在野の研究生活を調べるといっても、その裏で、アカデミシャンがダメだとか、大学に行くな、などといいたいわけではない。もし望むのであるなら、みな専任教授として働けばいい。そのような夢を決して否定しない。

ここで取り上げるのは、比喩的にいえば、大リーグを目指していた野球少年が商社に就職し、しかしそれでもなお、休日に仲間とやる野球大会をどう計画するか思案するリーマンの話。あるいは、アルバイトをしながら生活費を稼ぎつつ地下アイドルとしてファンたちと一緒に盛り上がる女子フリーターの話にすぎない。といっても、その野球チームのなかにメジャーリーグでも通用する剛速球を投げる者がいることを、また、そのアイドルの歌が口コミで話題となって紅白のトリを飾ることがあることを、私は固く信じているのだが。

直感的にいえば、在野研究とは、アカデミズムに対するカウンター（対抗）ではなく、オルタナティブ（選択肢）として存在している。そもそも、一八世紀のヨーロッパでいう〈アカデミー〉とは、大学と対抗的な関係にある、新たな知を切り拓く専門家集団のことを指していた。アカデミズムは元々、大学に飼い慣らされるものではなかったのだ。

フリードリッヒ・ニーチェ。ご存知、二四歳の若さでバーゼル大学の文献学の教授になる天才を発揮しつつも三〇代の半ばからは大学を辞して、みょうちくりんな文章を書きつづけた電波系哲学者の言葉を借りるならば、「まだ踏まれたことのない幾千の小径がある」[04/122]。在野研究の先達から学ぶべきは、その「小径」のためのいくつかの道しるべである。これを**在野研究の心得**とし、所々で抽出してみたい。

さて、長ったらしい注意書きはもう十分だろう。そう、私たちは御託や能書きに飽きたからこそ、改めて出発したかったのだ。現時点での私の理解では、〈試行錯誤《トライ&エラー》〉こそが在野という場所で獲得できるもっとも力強い武器であり、〈なりたい〉よりも〈やりたい〉が先行するのが在野研究者第一の資質である。

良いも悪いも、やってみなければ分からない。

私も在野研究の末席を汚す者の一人として、専門外の知識も要求されるいささか無謀なこの書物の第一章を、「やってみなければ」の精神でいいかげん書き始めることにしよう。最後までお付き合いいただければ幸いである。

【引用文献番号】

01… ホッファー「学校としての社会に向けて」(インタビュー)、高橋華生子訳、『エリック・ホッファー・ブック——情熱的な精神の軌跡』収、作品社、二〇〇三。

02…中上健次『鳥のように獣のように』、講談社文芸文庫、一九九四。初版は北洋社、一九七六。

03…藤田尚志「条件付きの大学――フランスにおける哲学と大学」、西山雄二編『哲学と大学』収、未来社、二〇〇九。

04…ニーチェ『ツァラトゥストラ』、手塚富雄訳、中公文庫、一九七三。


【引用しなかった参考文献】
・潮木守一『キャンパスの生態誌――大学とは何だろう』、中公新書、一九八六。
・吉見俊哉『大学とは何か』、岩波新書、二〇一一。

※引用に関しては「　」で括り、直後に[引用文献番号／引用頁]で記した。頁数のないものは番号のみ振った。引用文中の〔　〕は引用者注記を、／は改行を意味する。また、引用文中のルビについては、引用者が適宜付した。以下の章も同様である。

在野研究の心得

在野研究の心得その一　在野仲間を探そう。
在野研究の心得その二　資料はできるだけ事前に内容を確かめてから購入すべし。
在野研究の心得その三　就職先はなるべく研究テーマと近い分野を探すべし。
在野研究の心得その四　資料へのアクセス経路を自分用に確保しておく。
在野研究の心得その五　地位を過剰に意識するな。
在野研究の心得その六　学者の世界の政治を覚悟せよ。
在野研究の心得その七　家族の理解を得るべし。
在野研究の心得その八　自分の指針となるオリジナル師匠を持て。
在野研究の心得その九　コンプレックスを克服せよ。
在野研究の心得その一〇　成果はきちんと形に残せ。
在野研究の心得その一一　周囲に頭がおかしいと思わせる。

在野研究の心得その一二　研究の手助けをしてくれる配偶者を探そう。
在野研究の心得その一三　様々な人とのコネをつくっておくべし。
在野研究の心得その一四　助成金制度を活用しよう。
在野研究の心得その一五　在野では独断が先行しやすい。
在野研究の心得その一六　聴講生制度を活用しよう。
在野研究の心得その一七　未開拓の研究テーマを率先してやるべし。
在野研究の心得その一八　論文博士を目指そう。
在野研究の心得その一九　研究は細く長くつづけること。
在野研究の心得その二〇　発表に困ったときは自分でメディアをつくってみる。
在野研究の心得その二一　在野に向き不向きの学問がある。
在野研究の心得その二二　仕事場で研究の話をするのは厳禁。
在野研究の心得その二三　金銭の取り扱いには慎重を期すべし。
在野研究の心得その二四　資料の情報は積極的に他の研究者と共有すべし。
在野研究の心得その二五　メディアと並行してコミュニティもつくろう。
在野研究の心得その二六　平易な表現や文体に努めるべし。
在野研究の心得その二七　複数の職歴も武器になる。

在野研究の心得その二八　自前メディアは類似のメディアと協力体制を調えておく。
在野研究の心得その二九　自由に開かれた勉強会を調べて積極的に参加すべし。
在野研究の心得その三〇　コミュニティをつくったら定期的に飲み会も開くべし。
在野研究の心得その三一　専門家とコンタクトをとってみよう。
在野研究の心得その三二　地方に留まるからこそできる研究もある。
在野研究の心得その三三　羞恥心は研究者の天敵である。
在野研究の心得その三四　専門領域に囚われるな。
在野研究の心得その三五　簡単に自分で自分の限界を設けないこと。
在野研究の心得その三六　日本の外に出ることを検討する。
在野研究の心得その三七　知の翻訳を心がける。
在野研究の心得その三八　卑屈になるくらいだったら「文士」になれ。
在野研究の心得その三九　先行する研究者たちの歴史に学べ。
在野研究の心得その四〇　この世界には、いくつもの〈あがき〉方があるじゃないか。

これからのエリックホッファーのために｜もくじ

第二章　寄生しながら学問する

第三章　女性と研究

第四章　自前のメディアを立ち上げる

第七章　何処であっても、何があっても

第一章

働きながら学問する

どれくらい働いたらいいのか？

三浦つとむ（**みうら・つとむ　1911-1989**）　哲学者・言語学者。本人は「科学者」の呼称を好んだ。本名は二郎。マルクス・エンゲルスを独学で勉強し、弁証法の思考法を習得。戦後、スターリンの言語学を批判した時枝誠記（ときえだ・もとき）を支持し、独自の日本語論を構築する。主著に『弁証法はどういう科学か』、『日本語はどういう言語か』、『認識と言語の理論』など。

三浦つとむ略年譜

1911　2月15日、東京の小石川区にて誕生。
1924　東京府立第六中学校に入学するが、半年で退学。
1925　東京府立工芸学校印刷科に入学するが、翌々年中退。
1928　久保田商会に就職。その後、フィリップス日本ラジオ株式会社に入社。以後、独学で社会科学やマルクス主義について学ぶ。
1933　退職し、ガリ版製版で生計を立てる。
1939　高木場務のペンネームで映画批評を始める。
1948　日本共産党に入党。論文「弁証法は言語の謎をとく」が、『思想の科学』に掲載。処女出版『哲学入門』（真善美社）を刊行。
1950　『弁証法・いかに学ぶべきか』（双流社）を皮切りに、スターリン批判を展開。翌年、共産党を除名される。
1954　横須賀壽子と結婚。
1955　『弁証法はどういう科学か』（大日本雄弁会講談社）を刊行。ベストセラーに。
1956　『日本語はどういう言語か』（大日本雄弁会講談社）、『この直言を敢てする』（学風書院）を刊行。
1960　『指導者の理論』（勁草書房）、『新しいものの見方考え方――人生と社会についての23講』（青春出版社）を刊行。
1967　日本対外文化協会を通して、文化人代表としてソ連を訪問。『認識と言語の理論』第1部第2部（勁草書房）を刊行。
1970　『認識と芸術の理論』（勁草書房）を刊行。
1972　『現実・弁証法・言語』（国文社）、『認識と言語の理論』第3部を刊行。
1980　三浦つとむを囲む会が結成。
1983　『三浦つとむ選集』全5巻（補巻1巻、勁草書房）が刊行開始。
1989　10月27日、死去。享年、78歳。

過酷な肉体労働をこなしつつ同時に勉学にも励んでいたホッファーは、生活の糧を得るための労働と思考を駆使する読み書きの仕事との両立に悩みつづけた男だった。五三歳頃にカリフォルニア大学バークレー校での講義を任されたさいに仲良くなった有名な女性哲学者、ハンナ・アーレントの概念でいえば、レイバー（食うためのシゴト）とワーク（残すためのシゴト）との相克である。

晩年のホッファーは、おそらく長年の実感によって得たであろう、「六時間」という具体的な数字を口にしていた。

「われわれは、仕事が意義あるものであるという考えを捨てなければなりません。この世の中に、万人に対して、充実感を与えられるような意義ある職業は存在していないのです。〔中略〕そういうわけで、私は、一日六時間、週五日以上働くべきではないと考えています。本当の生活が始まるのは、その後なのです」〔01/166-168〕

食うために働くときは黙って働け。ただし、きちんと時間を決めて。課せられたその苦労のあとに本当の「仕事」、「本当の生活」が始まるのだから。労働に対して生半可にやりがいなど求めず、研究（やりたいこと）と生活（やらなければならないこと）をきっちり分けて、それぞれを独立させようとするホッファーの考え方は極めて潔い。

ただ、そこで問題となるのが、その二つのシゴトのあいだのバランスだろう。労働しすぎりゃ研究できない、研究しすぎりゃ生活できない。あちらが立てばこちらが立たず。知恵と気合で最適な両立状態を探さなければいけない。

第一章で扱いたいのは、こういった〈働きながら学問する〉という難問に絶妙なバランス感覚で応えた、在野研究のお手本のような研究者たちである。とりわけ、その筆頭に挙げたいのが、「あまり頭を使わない、自分のやりたい仕事に時間とエネルギーを充分にまわせるような職業をえらんで、頑張るのが賢明」［02/148］と書いて実践していた、ガリ版屋の哲学（言語学）者、三浦つとむだ。

算数＝ミステリーからの出発

三浦つとむというインディペンデントな男には〈独学者〉の肩書きがよく似合う。実際、三浦は中学を中退して以降、いっさい教育機関に頼らず、しかし、マルクス・エンゲルスを中心とした弁証法や唯物論の考え方を確実にマスターしていった。

「学校へろくに行けなかった人間が、学問の仕事で活動していると聞くと、意外に思う諸君もあるだろうが、自分で努力して実力を持ってさえいれば、りっぱに学者として活動することができる。学問は、全人類の生活を根本的に革新するという、大きな目的のために奉仕しなければならない。もちろん、私のような人間は大学の教壇に立って講義することもできないし、教授とか助教授とかよばれて月給何万円を支給されることもないが、学問を全人類の幸福のために役立てる場所は何も大学の教壇に限られない。むしろ、教壇以外の場所のほうが、ヨリ大切なのである」［03/204］

学者は人類のために奉仕する。そして、その場所は「教壇」に限定されない。在野研究者の鏡のような考え方をする三浦には、言葉の節々に対アカデミシャンの意識が読み取れる。だが、三浦が偉かったのは、不用意に妬みや恨み言を漏らさず、「全人類の生活を根本的に革新するという、大きな目的のために奉仕」しつづけたということだ。三浦にとって在野という場所は、ちょっとしたコスモポリタンな姿勢に直結している。

そのような三浦が自身の独学の出発点に位置づけるのは、意外にも小学校での算数の計算問題だった。「私が独学の道へふみ出した理由はすこぶる簡単で、小学校で算術の応用問題を解くうちに、映画や立川文庫《たつかわぶんこ》〔講談や戦記、史伝などの子供向け文庫〕と同じような楽しさおもしろさを感じたところにはじまっている」［04/4］。

算数の問題は、三浦にとって当時愛好していた様々な探偵小説〔とりわけ『アルセーヌ・ルパン』シリーズ〕やミステリー映画〔『13の秘密』や『鉄の爪』〕と同じ推理力を要求していた。その推理熱は、中学入学試験の難問題を蒐集《しゅうしゅう》させるに至った。

この様子を見ていた小学校教師は、三浦を中学に入れるよう三浦母を説得した。その甲斐あって、三浦は東京府立第六中学校に入学する……のだが、数学以外やる気がないのに加えて、家庭の経済的悪状況も重なって、彼は半年で学校を退学してしまう。翌年、府立工芸学校印刷科に入学するものの、これも中途退学してしまう。

マルクス・エンゲルスと出会う

三浦の兄は印刷工をしていた。そして、その職場の仲間に感化され、左翼がかった思想の持ち主となっていた。学校をやめた三浦は、そんな兄の本棚にあったマルクス・エンゲルスの全集をたまたま手にとる。で、そのなかに若き日の三浦は謎解きの趣味と社会科学という学問とが結びつく契機を見出す。つまり、「エンゲルスの『反デューリング論』『フォイエルバッハ論』で弁証法の説明を読むうちに、ツルカメ算のまわり道の論理も、ポオが『モルグ街の殺人事件』や『ぬすまれた手紙』で論じている謎解きの方法論も、みな弁証法の具体的なありかただと気づいたのである」[04/6]。

当然、このエンゲルス読書の経験は、彼自身の左傾へと、そしてベストセラーとなって著述で飯が食えるようになった主著『弁証法はどういう科学か』の仕事へとつながっていく。

弁証法とは何か。三浦にとって弁証法は形而上学に対立している。

「真理は真理、誤謬は誤謬でどこまでいっても変らない、この考えかたは形而上学です。真理は一定の条件において誤謬に転化するという媒介関係を認める、これが弁証法です。ある認識はある種の事物に対しては真理であると同時に他の種の事物に対しては誤謬である、この対立物の直接の同一性を認めるのが弁証法です。「あれかこれか」ではなくて、

あれがこれになり、またあれでもこれでもあることを認めるのが弁証法です」［05/117-118］
形而上学はこの世の裏側に隠されている不変の正しさを追い求める。対して弁証法は、あるものは別のものの媒介と考え、その媒介の連鎖で世の中ができていると説く。なにが正しいのかは、それらの変化や運動に準じて考えなければならない。条件次第の正しさ、適量における正しさ（量が一定を超えると質が変化する）、全体としての正しさ（部分的にみると回り道にみえる）などが弁証法的な思考の特徴だ。
このような発想を三浦は書物だけで獲得した。だから、三浦は学問上の師をもたなかった。その業績を高く評価した時枝誠記に対してでさえ、全肯定ではない。作家の森秀人は次のように述べる。「三浦つとむの師匠といえるのは「本」だけだった。「本」は大学の教授のように妨害したり、足を引っ張たりしない」［06/66-67］。
そんな三浦が何度か転職を繰り返した末、最終的にガリ版（謄写《とうしゃ》版）の技術者として生計を立てるようになったことはまことに運命的である。

在野仲間を探そう

就職しても長つづきしなかった三浦は、その代わりに二〇代から五〇代まで、自宅で半日ガリ版の製版の仕事をこなして生活費を稼ぎ、あとの時間を自身の勉強に費やした。戦争が始まり、途中海軍に徴用されても、ガリ版の仕事はやめなかった。徴用工員の賃金は余りにも低かったからだ。自分の店をもたないかと勧められたこともあったそうだが、収入が増えても勉強時間が減っては困るという理由で断った。

「労働者哲学者ディーツゲンは、なめし皮工として半日働き、あとの半日を研究にあてたという。吉本隆明は、特許事務所の書類の翻訳で一日おきに出勤し、その間に自分のやりたい仕事をした。そして私にしても、フリーの謄写版の製版工として家で半日間鉄筆をにぎり、あとの半日を研究にあてていた」[02/148]

半分仕事、半分研究。この習慣が長いあいだ彼の研究生活を支えた。三浦は吉本の個人誌『試行』に寄稿するようになるが、掲載誌を二部くれるだけで原稿料も出ない同人誌に彼が熱心に肩入れしたのは、ひとつには吉本が同じ独学仲間だという意識があったに違いない。

「大学の紀要や学会の会誌など専門的な論文を発表する機関が使えず、自費出版する費用も持たないために、せっかくの成果を公けにできないで苦しんでいる学者もほかにいるにちがいない。吉本隆明氏が『試行』を発行してくれたおかげで、私は病気になるまでの十年間毎号欠かさずかなり長い論文を発表することができた」[04/13]

在野研究の心得その一、在野仲間を探そう。文系の学習は分野にもよろうが、もしかしたら「本」だけでも構わないかもしれない。しかし、成果の発表や学的なコミュニケーションに関して、在野は圧倒的なハンディ・キャップを負っている。そのとき、頼りになるのが同じ志や生活スタイルを共有する在野仲間だ。いくら独学だからといって、なんでもかんでも独りでこなそうというのは無謀である。在野での仲間は有形無形の手助けを互いに与え合うことになろう。

実際、感謝する三浦に対して、吉本の方は三浦の日本語論に多大な影響を受けた著作『言語にとって美とはなにか』(勁草書房、一九六一年)を完成させている。

論文「弁証法は言語の謎をとく」と時枝言語学

一九三九年辺りからペンネームを用い映画批評を書いていた三浦は、それだけではあきたらなくなったのか、戦後から、長年勉強していた弁証法や唯物論の論文を発表したいと思うようになる。最初に現れたその成果は、デビュー論文「弁証法は言語の謎をとく──言語学批判序説」(一九四八年)で、これは批評家の鶴見俊輔が責任編集をしていた『思想の科学』に掲載された。ちなみに、鶴見は同年に出た三浦の最初の著作『哲学入門』を褒めた数少ない知識人だった。哲学の啓蒙書で、その入門性から専門家のあいだでは歯牙にもかけられなかったから、鶴見の高評価はずいぶん三浦を励ました。

さて、処女論文のなかで、三浦は言語が言語として成立する条件はなんなのかと問う。「話し手書き手の一般的な認識の上に立たぬものは言語ではない。わたしがアラビア字をひきうつしたところで、それは符号のもつ形象をながめ、その感覚を忠実に模写したものであつて、わたしの表現として見るとき、本質的にこれは絵画なのである」[07/21]

そのアラビア文字は形式的には（形としては）アラビア語と同じにみえるが、内容的には（表現としては）絵画として存在する。言語は絵画や音楽に並ぶ表現形式のひとつとして理解せねばならない。

それにしても、言語が特に難しいのは、個別の事物が単に個々別々に名づけられていてもそれで言語が成立したとはいえないところにある。それは一般的な平面のもとで共有されていなければならない。言語は個別の事物なしには成立しないが、同時に一般的でなければならない。矛盾である。

「言語は、現象において個別的なものがそれ自身一般的であることを人間が認識するとき発生の可能性があたえられたものというべく、以後現実の構成段階をその平面に進みあるいは立体にたどつて、一般的な面での認識が発展してゆくことにより発展してゆくものである」［07/21］

正しく、この謎を解き明かすためにこそ、矛盾という相異なるものの媒介を考える「弁証法」が求められるのだ。このような三浦の言語観は、言語過程説で知られる国語学者、時枝誠記への支持と、それと同時に行われたスターリン言語学への批判を至らしめた。

スターリンの言語学は、言語が上部構造（イデオロギー、観念体）であることを否定する。上部構造ならば、土台（＝経済機構）の変化に連動するはずだが、そんなことはないからだ。スターリンによれば言語は単なる機械や道具にすぎない。ロシア革命があろうがロシア語は変わらない。この言語観を日本共産党は神聖視し、金科玉条として取り扱っていた。

これに批判を加えたのが時枝誠記だ。曰く、「言語が社会成員の個々を離れて、社会の共通用具として存在するといふことは、極めて比喩的に、或は特別の条件を附して承認出来ることであつて、実際は、言語は社会成員の個々の主体的活動としてのみ成立することが出来るものである」[08/103]。

簡単にいえば、時枝言語学は言語の客観的実在（＝道具）ではなく、誰が誰に対して何をどう言ったか、という主体の認識＝表現の過程を重視した。そして、これに三浦も同調する。つまり、主客の往還関係のなかで言語が生成するという主張に、三浦の「弁証法」的言語観がピタリと符合したのだ。スターリン言語学は形式主義的すぎる。

弁証法的思考と時枝言語学を組み合わせた三浦の日本語論は、吉本のほかに、「三浦つとむ論」（『日本文学』、一九七三年）という論文も書いた亀井秀雄などによって高く評価されている。

民科からの除名

こうして三浦は、時枝支持をきっかけに当時日本共産党の圧倒的支配下にあった民主主義科学者協会（略して民科）から「異端」扱いされた。結果、除名される。

「四六年に民主主義科学者協会が結成され、私も会員の一人になったが、指導的な党員学者と理論的に対立し、異端分子になった。学者には私のような経歴の者はなく、東大や京大の出身ではあるが学問的な訓練を欠いており、猜疑心はあっても懐疑精神はないように思われた。私に対して、何人党員を獲得したかと質問はしたが、何を研究しているかとは質問しなかった」〔04/11〕

どうして左翼というものは仲間と仲良くできないものなのか。ホトホト不思議に思うが、とにもかくにも、三浦は彼らの学問的な不真面目さ、相互不信の雰囲気について行けなかった。

そもそも東大京大という高学歴というのが気に食わない。ガリ版仕事をつづけるなか、三浦は学生の「ノート」を盗み見ることで、学的な権威主義を相対化することに成功していた。

「私は講義のプリントを出版する店で、学生の持ってくるノートを整理したり原紙に製版したりする仕事をやっていたから、多くの講義に目を通したが、さすがにりっぱなものだと頭の下る教授もいれば、何をバカなことをぬけぬけとしゃべっているんだと腹の立つ教授もいて、なるほど「低脳教授」もいるのだなと確認することができた。そのおかげで、東大卒とか大学教授とかいう肩書を聞いても、それだけで学問的な能力の持ち主だと思いこむようなことがなくなった」〔02/11〕

思い込みを払拭した独学者の前に敵はない。左翼共同体からパージされ、孤立無援となって発表の場に苦労するものの、先に述べたように吉本の『試行』などの場を得て、三浦の研究はただ前へ前へと突き進む。

「立ち読み」の達人

金も権力も暇も（マルクス主義者がいうところの）「同志」もない三浦は、自然、サバイバル学問の方法を磨く必要に迫られた。「できるだけ短い時間で相当な収入が得られるような、しかもあまり頭脳に負担をかけないような職業」を選択しなければならないし、「参考書や雑誌を買うのにまわせる金は乏しい」悪条件にも耐えなければならない〔04/12〕。学者と違って図書館の利用にも制限がつく。

そんな中、三浦が編み出した在野研究の方法のひとつに、「立ち読み」がある。

「目次を開いて手早く読む必要のある部分を探し出し、そこを斜めに読みとっていくのだが、これも綱わたりと同じで訓練を重ねると達人になる。目次を開くとすぐ必要な部分をかぎわけられ、斜めに読んでいるうちにさきに何が書いてあるか見当がつく。私は本や雑誌を買ってから読むのではなく、読んでから買う。立ち読みで必要な部分を読んだ上で、これは優れた内容だから十分検討しようとか、ひどい内容だから批判を書かなければならないとか、善悪いずれにしても買う必要があると思われるものだけを買う。それ以外は立ち読みで十分である」〔04/12-13〕

哲学の達人……ならぬ、立ち読みの達人ここにあり。

しかし、笑い事ではない。読者を狭い範囲でしか想定していない専門書は、そのぶん、一冊が異様に高かったりする。ホイホイと買えるものではない。三浦がいうには「書店でちょっとめくってみればその水準ないし優劣はすぐわかるというのがプロ」[09/293]らしいが、その「立ち読み」技術を本屋で発揮するかどうかはともかく、図書館で中身を確かめてから購入するかどうか決めることで、無駄な出費を抑えることができよう。

在野研究の心得その二、資料はできるだけ事前に内容を確かめてから購入すべし。

二者択一からの脱却

三浦つとむは生涯独学者を貫いた。しかも、しばしばみられる家族への寄生型と違って、彼は結婚し、生活費を稼ぎながら勉強をつづけた研究者だった。研究と生活、理想と現実、思考と身体。これら対立する二項をどう調停し、両立可能な状態に導くのか。〈あれかこれか〉ではなく〈あれもこれも〉へ。オア（or）からアンド（and）へ。まさしく、「あれでもこれでもあることを認めるのが弁証法」[05/118]だ。それこそ、三浦の在野生活で学ぶべき一番のポイントかもしれない。

「自分が働いて自分自身や家族を養わなければならない立場にいるから、金になる仕事をやらなければならないのに、自分がどうしてもやりたいのは金にならぬ仕事だというのは、一つの矛盾である、私もこの矛盾の担い手であった。この場合には、あれかこれかという二者択一では解決にならない。やりたい仕事だけやっていたのでは一家が餓死しなければならぬから、それは不可能であるが、だからといってやりたい仕事を投げすててしまったのでは生きがいがなくなってしまうから、そういうわけにはいかない。そこで、金になる仕事と金にならない仕事と、対立した二種類の仕事を何とかうまく両立させる方法はないものかと頭をしぼるようになる」[02/146]

両立の努力は決して、中途半端や生半可の精神の現れではない。不可避的に課される様々な現実の制約に条件づけられながらも、少しずつならば前に進むことができる。一にならずとも、〇・五や〇・六を積み重ねていく小数点的な営みこそが、両立の努力の本質である。夢が生き残るには現実との折り合いが必要だ。

どんな夢にも、現実とのネゴシエーションという政治的戦略が求められる。ネゴシエーション次第では、夢は全てではないにしろ、程度的に実現する。福沢諭吉曰く、「学問は米を搗《つ》きながらもできるものなり」[10/152]。それは在野の希望だ。その計画を着実にこなしていった三浦つとむは、来るべき在野研究者のお手本のように捉え直すことができるはずだ。

【引用文献番号】

01…ホッファー『エリック・ホッファー自伝――構想された真実』、中本義彦訳、作品社、二〇〇二。
02…三浦つとむ『文学・哲学・言語』、国文社、一九七三。

03…三浦つとむ『新しいものの見方考え方』、季節社、一九九八。

04…三浦つとむ「私の独学について――ツルカメ算と探偵小説からの出発」、『三浦つとむ選集』第一巻収、勁草書房、一九八三。

05…三浦つとむ『弁証法はどういう科学か』、講談社新書、一九六八。初版は大日本雄弁会講談社、一九五五。

06…森秀人「わが心の交友録（一九）三浦つとむの巻」、『公評』、二〇〇四・八。

07…三浦つとむ「弁証法は言語の謎をとく――言語学批判序説」、『思想の科学』、一九四八・五。

08…時枝誠記「スターリン『言語学におけるマルクス主義』に関して」、『中央公論』、一九五〇・一〇。

09…三浦つとむ『認識と言語の理論』第三部、勁草書房、一九七二。

10…福沢諭吉『学問のすゝめ』、伊藤正雄校注、講談社学術文庫、二〇〇六。初版は、一八八〇。


【引用しなかった参考文献】
・横須賀壽子編『胸中にあり火の柱――三浦つとむの遺したもの』、明石書店、二〇〇二。
・亀井秀雄『主体と文体の歴史』、ひつじ書房、二〇一三。

終わりなき学びを生きる

谷川健一（たにがわ・けんいち　1921-2013）　民俗学者。古典的民俗学の批判的読み直しから、民俗学を神と人間と自然のコミュニケーションの学であると再定義し、それまで顧みられることのなかった日本の辺境地の負の遺産を広範囲にわたって研究する。地名の研究でも有名。主著に『青銅の神の足跡』、『常世論』、『南島文学発生論』など。

谷川健一略年譜

1921　7月28日、熊本県葦北郡水俣町にて誕生。

1939　熊本中学校卒業。医者になってほしいという父を説得し、文科を志望。翌年、旧制大阪府立浪速高校文科に入学。

1943　東京帝国大学文学部入学。しかし、すぐに結核で入院生活。徴兵は免除。

1952　東京帝国大学を卒業。平凡社に入社し、『児童百科事典』編集部に配属。

1957　民俗学への関心を活かし、鎌田久子・大藤時彦・宮本常一を編集委員に『風土記日本』（全7巻）を企画。

1963　一年限りで、雑誌『太陽』の初代編集長をつとめる。

1966　処女小説『最後の攘夷党』（三一書房）を刊行。第55回直木賞候補作となる。

1967　小説家の道と民俗学者の道とを悩んだ末、後者を選び、平凡社を退社。最初の調査地を沖縄に決める。

1970　『沖縄——辺境の時間と空間』（三一書房）を刊行。

1971　『魔の系譜』（紀伊國屋書店）を刊行。

1975　『民俗の神』（淡交社）、『神・人間・動物——伝承を生きる世界』（平凡社）を刊行。

1980　『谷川健一著作集』全10巻（三一書房）刊行開始。『神は細部に宿り給う——地名と民俗学』（人文書院）を刊行。

1981　神奈川県川崎市に日本地名研究所を設立、所長に就任。

1983　『常世論——日本人の魂のゆくえ』（平凡社）を刊行。

1986　『白鳥伝説』（集英社）を刊行。

1987　この年から96年まで近畿大学文芸学部教授となる。

1989　『民俗、地名そして日本』（同成社）、歌集『海の夫人』（河出書房新社）を刊行。

1991　『南島文学発生論』（思潮社）で芸術選奨文部大臣賞受賞、南方熊楠賞受賞。

1994　「宮古島の神と森を考える会」を主宰。

1996　『独学のすすめ——時代を超えた巨人たち』（晶文社）を刊行。

2006　『谷川健一全集』全24巻（冨山インターナショナル）刊行開始。

2007　文化功労者に選出される。

2013　8月24日、死去。享年、92歳。

三浦つとむより一〇歳ほど年若になるもう一人の独学者がいた。民俗学者の谷川健一である。しかし、成り上がり感の強い三浦と比べてみると、谷川は独学といいつつ、東京帝国大学入学、雑誌編集長、小説家、そして最終的には近畿大学文芸学部の教授に就く（六六歳の頃）。このように谷川は、在野で考えられるであろううち最高のエリート街道をまっしぐらに歩んでいるようにみえる。お前、恵まれすぎだろ的なツッコミを入れたくなるのも仕方ない。

けれども、彼の晩年の著作『独学のすすめ』は見逃せない。というのもそれは、南方熊楠、柳田国男、折口信夫、吉田東伍、中村十作、笹森儀助の在野精神を紹介するという、本書のコンセプトを先取りしているかのような一冊であるからだ。

在野の学者が、ややもすると偏見に陥りがちであることを前提にした上で、谷川は司馬遼太郎『風塵抄』（中央公論社、一九九一年）で語られたエピソードを紹介している。つまり、司馬は英語の授業中、先生にNew Yorkという地名の意味を聞いたが、それを知らない教師は怒鳴り、「お前なんかは卒業まで保《も》んぞ」［01/181］とイヤミを言われる。司馬は学校嫌いになり、そして同時に図書館での独学癖を身につけたという。懐疑に目覚めた在野精神は独学の道を選択する。

「権威主義の学問はいずれにしても硬直をまぬかれません。それは知識の死滅につながります。そこに生気をあたえてよみがえらせるためには、在野の精神が必要なのです。またアカデミズムが眼をむけなかった分野へのあくことのない好奇心が求められるのです。そうした未知の世界に進むには、既成の尺度は役に立ちません。そこでは独創の精神が不可欠です。独創ということに焦点をあてると、独創的な大きな仕事をした者はみんな独学者です」［01/191］

本書の結論部に置いてもおかしくない言葉だが、谷川は確かにこの言葉通り、「独学者」の道を歩んだ。そしてなにより、谷川の民俗学的な仕事は実際に東北地方の特殊性や地名の由来など「アカデミズムが眼をむけなかった分野」に向かったことは注目に値する。

文学青年から平凡社社員へ

谷川健一の年譜を通読してみると、二つほどユニークな点があることに気づく。一つは、民俗学の研究を本格的に始める前に、平凡社の編集者として働いていたということ。もう一つは、編集だけでなく小説家として本を出し、処女作で直木賞候補作（一九六六年）になっていたということだ。

元々、谷川は中学校時代からの文学青年だった。黒岩涙香《くろいわるいこう》『巌窟王』（デュマ・ペールの『モンテ・クリスト伯』）をきっかけに、様々な翻訳もの、そして江戸川乱歩、夢野久作など探偵小説を読みあさる青年時代を過ごしていた。夢野については後年、『夢野久作全集』（三一書房）の編集さえしている。

そんな文学青年は東京帝国大学文学部に入学した。幸か不幸か、祖母から受け継いだ結核によって、すぐに入院生活をすることになった谷川は戦役に赴くことなく、療養所で終戦宣言のラジオ放送を聞くことになる。

「私の健康はそのうち回復したので、五〇年に上京し、大学に復学したが、アルバイトに追われ、ほとんど授業には出席せず、形ばかりの大学生活を終えて、五二年に、雁《がん》の知人であった日高六郎の斡旋《あっせん》で、平凡社に入社した」〔02/321〕

日高六郎は有名な社会学者であるが、日高は谷川雁の先輩だった。谷川雁とは谷川の弟であり、ご存知、有名な詩人でもある。縁故入社ハンパない。そんなアラサーで初就職した谷川の最初の仕事は、『児童百科事典』を作るために集まった原稿のリライトだったそうだ。

ちなみに、この事典の編集長は評論家の林達夫で、谷川は『神は細部に宿り給う』という本を書いているが、この有名な文句は林が好んだ言葉だった（さらにいえば、この言葉は美術評論家のアビ・ヴァールブルクが発したものとされている）。

民俗学への開眼

そんな会社員生活のなかで谷川は決定的な出会いを果たす。柳田国男の『桃太郎の誕生』である。この本は全国各地に伝わる桃太郎説話を収集して子細に分析したものだが、そこで谷川が見たのは、「日本の庶民が、おきまりの五大お伽噺《とぎばなし》を自分流に、自由奔放な筋書きに作り変えていること」[02/323]だった。つづけて次のように述べる。
「庶民の発想が、このように生き生きと独創的に発揮されているのを見て、これまで戦後啓蒙思想によって無知な存在として不当におとしめられていた庶民は、私の中に復権した。貧しくとも楽しみを追求し躍動する庶民に、日本人の幸福への確信をはじめておぼえた。その本の読後感は、私にとって決定的だった」[02/324]

このような「庶民」の知を中心にした民俗学への興味は、会社での仕事にも影響した。つまり、百科事典の仕事のあとで、谷川が取り掛かったのは大藤時彦《おおとうときひこ》と宮本常一とで編集委員を務めた『風土記日本』で、つづいてはリラダンの『残酷物語』を模した『日本残酷物語』という民俗学書のシリーズだった。どちらもベストセラーになった。

出版社の編集者という仕事は、扱う分野にもよろうが、研究や学問の営為としばしば隣接している。谷川はそれをうまく利用して会社での仕事＝勉強を後年に展開していく民俗学研究に活かした。**在野研究の心得その三、就職先はなるべく研究テーマと近い分野を探すべし。**

しかし、そのような谷川の仕事は他方で、社内からの陰口を呼び寄せた。曰く、民俗学には体系性がない。曰く、階級闘争の歴史に眼をつむり体制側に利用されやすい学問だ。まさしく、マルクス主義に代表される進歩主義的な見方であるが、谷川はこれに強く反発していく。
「この啓蒙思想のいちばんイヤなところは人民を持ちあげたり、君と僕はおなじ人間だと猫なで声でいいながら、民衆を見下していることである。しかもそれに本人は気がついていない。その原因は本人がいつも人民とか市民とかを抽象的に考えてものをいっているからだ。普遍的な人間の認識であるかのようにいいながら、その実、ヨーロッパ中心主義やヨーロッパ第一主義を克服できないイデオロギーに対する私の不信感は、人民や市民という言葉をふりまわす連中への不信とつながりあっていた」［03/419］

小説家デビュー

編集業を社長から評価された谷川は、新雑誌『太陽』の編集長を任される。ただ、自分の体調を気遣い、一年限定で辞し、閑職（辞表は受理されず休養期間の一年分の給料を貰う）に就くことにした。さあ、いよいよ腰をすえて研究を始める……のではなく、かつての文学青年らしく小説を書くことにした。

長州奇兵隊の残党である大楽源太郎を主人公に、久留米藩の勤王党である応変隊が起こした明治四年の反政府事件を描いた『最後の攘夷党』である。

小説にも民俗学的関心がみてとれるが、それ以上に面白いのが、その出版経緯である。まず谷川は平凡社に出入りしていた詩人で評論家の秋山清に出版の相談をする。秋山は三一書房で詩集を出しており、その縁で三一書房の編集者の正木とお茶をすることになる。「そこで秋山さんが「谷川さんが本を出したいのでよろしくお願いします」と言ったら、その正木君が「よろしゅうございます」と。あんまり簡単に言うから、「少し原稿を見せましょうか」と言うと、「それはいいです」。読まないでいいって言うんだよ、正木君が。「じゃあ筋をお話しましょうか」と言ったら「いやそれも結構です」って（笑）」［04/596］

……なんだそりゃ！　谷川健一、とことん恵まれすぎている男である。しかし、こんなフザけた経緯で出された本が直木賞候補作となってしまうのだから驚きだ。作品の蓄積がないという理由で受賞からは漏れたが、大仏《おさらぎ》次郎《じろう》からの激励の手紙を貰い、その後もいくつか小説を書いた。

しかし、それでも谷川は小説家としてではなく、民俗学者として活動していく決意をひとり静かに決める。「小説では自分を満足させることができない。私は民俗学によって人間性に肉薄することができると思い、民俗学に進みました」［05/543］。

沖縄へ

四八歳になる谷川が、最初の調査地に選んだのは沖縄だ。民俗学者としての処女出版作『沖縄』に結実するわけだが、その年から一〇年間、一九八二年に日本地名研究所を川崎につくるまで、毎年日数にして四ヶ月は旅行に赴く生活が始まる。毎月平均一〇日は旅に出る計算だ。金の方は、平凡社退社後、小説を出した三一書房で編集の手伝いをすることで何とかなったようだ。旅行から得た資料を蓄え、それを元に原稿にし、『現代の眼』『流動』『展望』などの雑誌に寄稿をつづけた。
しかし、そもそもなぜ沖縄だったのか？　一九六九年はいまだ沖縄が返還されておらず、アメリカの統治下にあった。「今ではちょっと考えられないのですが、沖縄では挙《こぞ》って日の丸を掲げて、日本は母の国であるからそこに還りたい、と熱望していた時代」［06/510］だった。
「その時私は考えました。一時的にそういう政治的な機運が盛り上がったとしてもけっして長続きせず、すぐに元に返るに違いない。沖縄で一番根本的なものは何かということを今考えておかないと、時代とともに沖縄は何処かへ流されてしまうんじゃないか。そこから「沖縄の根」というのを考えたんです」［06/510］
この「根本」への探求は以後の研究でも中心に据えられていく。島尾敏雄の造語〈ヤポネシア〉（Japonesia ＝日本＋群島）を拝借し、島国の特殊性について考察した成果は、やがて島特有の死生観・宇宙観を考えた『孤島文化論』（一九七二年）や日本文学の源流を鹿児島県奄美地方ないし沖縄に伝わる歌などに求めた『南島文学発生論』へと展開していく。これは芸術選奨文部大臣賞ならびに第二回南方熊楠賞を受賞した谷川の代表作だ。

地方研究者の困難

繰り返される地方への旅路の日々のなかで、しかし、谷川は逆に、都市東京がもっている研究のためのインフラの重さを痛感する。

「東京に国会図書館があるというそれだけで、わたしは東京を思い切れない。神田の古本屋街で入手困難な貴重本を、そこではわずかの時間待つだけで閲覧することができる。〔中略〕仮にわたしが熊本にいて津軽のことを調べようとしてもそれは不可能に近い。しかし国会図書館を利用すれば、ある程度までは、全国にわたる調査が可能である」[07/135]

地方を研究対象とするのだから、その土地に移住した方が仕事がはかどるのではないか？　いや、そんなことは妄想だ。東京とは「情報のセンター」[07/135]でもあり、国会図書館を一例として、全国の情報がそこに集まってくる。その「センター」を利用できるかどうかはよき研究成果のためのひとつの鍵だ。

資料の入手の困難に、地方研究者の悩みがある。

在野研究の心得その四、資料へのアクセス経路を自分用に確保しておく。すべての研究者が研究に便利な場所に移ることは様々な制約によってできないだろうが、アクセシビリティを意識しながら自分の生活を設計することは不可能ではない。たとえば、ホッファーは「市立図書館の近くに安アパートを見つけ」[08/12]るような工夫で、知とのアクセスをタダで維持しようと努めた。似たような工夫を凝らすことは検討していい。

「小さきもの」へのまなざし

谷川の膨大な研究を逐一紹介していくことはしない。ただ、ひとつの要約として、その中心には辺境や敗者のもっている、正史では忘れられがちな「小さきもの」へのまなざしがあろう。それを谷川は幼年期にキリストから学んだと述べている。谷川にとってキリストとは「庶民」に寄り添う一種の民俗学者なのだ。

「イエスが付き合ったのは、当時いちばん嫌われていた徴税人や娼婦、浮浪人など下層の人びとです。イエスには彼らに対する深いシンパシーがある。それは庶民を対象とする民俗学の世界と共通しています。こうして見ると、民俗学に入った契機は間接的にはイエスの教えの影響だと言えますね。／のちに私は「小さきもの」の世界を繰り返し書いています。聖書には「懼《おそ》るな小さき群れよ」（ルカ伝十二章）というイエスの言葉があります。そこでイエスは「我を信ずる此の小さき者の一人を躓《つまず》かする者は寧《むし》ろ大なる碾臼《ひきうす》に頸《くび》を懸けられ、海の深処《ふかみ》に沈められんかた益《えき》なり」（マタイ伝十八章）、つまり小さい者をつまずかせる人間など、大きな石臼を首に掛けて、海の底に沈めたほうがましである、という激烈な言葉を吐いているわけです」［09/593-594］

このような「小さきもの」に対する態度は、柳田国男以来の日本民俗学がもつ稲作中心主義（藁の文化）によってワキに追いやられた金属器文化を再評価しようとする銅鐸に対する関心（『青銅の神の足跡』や『白鳥伝説』）にもみえるし、あるいは、地名研究にも見いだせる。

小さな地名ひとつひとつはかけがえない固有名であり、同時にそこには無名の庶民たちの存在が歴史的に刻まれている。誰もが忘れてしまった過去の記憶が地名にはこめられている。「地名もまた小さきものの一つであった」と述べる谷川にとって、「地名は大地に刻まれた過去の索引である」〔10/219-220〕。

このような主張から、一九七八年、谷川は地名改変の動きに抵抗して「地名を守る会」を発足させた。あるいは、一九九四年には宮古島の開発によって森林資源が減少していることを嘆いて「宮古島の神と森を考える会」を立ち上げることになる。

先行する偉大な民俗学者であるところの南方熊楠は神社合祀令（一町村に神社はひとつでよい、つまりは多くの神社を壊してよいとする命令）に反対する一種のエコロジー運動を起こしていたが、谷川の運動もまた、過去の「索引」を改竄《かいざん》しようとする歴史修正主義から、「小さきもの」たちの自然の調和を守ろうとするものであったといえよう。

終わりなき学びを生きろ

谷川の研究生活は全体的にみて恵まれすぎていて、真似しようと思っても率直にいえば余り役立たないように思える。生前から著作集や全集を刊行し、また数々の賞を受賞し、文化功労者にさえ選出されている姿は在野としては異例なものだ。

しかし、『独学のすすめ』では在野研究者にとって看過できない指摘がある。

「仮に教授となったところで、社会的に評価されたからといって、独学の精神というのは、自分自身そこで満足するような立場ではありえないのです。それは脅威でさえあります。たえず先へ先へ進むのが独学者の精神ですから、社会的評価というのは、独学者にとってはある意味で邪魔でもあるわけです。ほんとうの独学者というのは、それを無視できるわけです」[01/180]

成功者は語る……わけだが、それでも、もし本当に「独学」に没入できるのだとしたら、谷川のいうように社会からの評価など完全に無視することができるのかもしれない。なにかに〈なる〉ために独学者は学習するわけではない。

終わりなき学びを生きろ。教授であろうが、フリーターであろうが関係ない。そういう下らないことに意識を奪われているようでは、「独学者」としてはまだまだなのだ。

在野研究の心得その五、地位を過剰に意識するな。膨大な成果を残し、社会的評価を得ていても、(柳田国男や南方熊楠のようなビッグネームに比べれば)民俗学者としては今ひとつ知名度が足らないようにみえる谷川から学ぶべきは、独学に対する真摯な姿勢にあるのかもしれない。

【引用文献番号】

01…谷川健一『独学のすすめ——時代を超えた巨人たち』、『谷川健一全集』第一九巻収、冨山房インターナショナル、二〇〇八。初版は、晶文社、一九九六。

02…谷川健一「私の履歴書」、『谷川健一全集』第一一巻収、冨山房インターナショナル、二〇〇九。初出は『日本経済新聞』、二〇〇八・五・一〜三一。

03…谷川健一「成熟へのひとしずく——柳田国男との出会い」、『谷川健一全集』第一一巻収、冨山房インターナショナル、二〇〇九。初出は『春秋』、一九七二・二&三。

04…谷川健一「巻末対話」(インタビュー)、『谷川健一全集』第二〇巻収、冨山房インターナショナル、二〇一〇。

05…谷川健一「巻末対話」(インタビュー)、『谷川健一全集』第二二巻収、冨山房インターナショナル、二〇一〇。

06…谷川健一「巻末対話」(インタビュー)、『谷川健一全集』第六巻、冨山房インターナショナル、二〇〇六。

07…谷川健一「政治と文化が癒着した近代百年」、『谷川健一全集』第二二巻、冨山房インターナショナル、二〇一〇。初出は『自動車とその世界』、一九六九・一〇。

08…ホッファー『エリック・ホッファー自伝——構想された真実』、中本義彦訳、作品社、二〇〇二。

09…谷川健一「巻末対話」(インタビュー)、『谷川健一全集』第二三巻、冨山房インターナショナル、二〇一二。

10…谷川健一「地名を守る意味」、『谷川健一全集』第一五巻、冨山房インターナショナル、二〇一一。
初出は『東京新聞』、一九七八・三・九。

【引用しなかった参考文献】

・大江修編『魂の民俗学——谷川健一の思想』、冨山房インターナショナル、二〇〇六。
・『谷川健一——越境する民俗学の巨人』、河出書房新社、二〇一四。

学歴は必要か？

相沢忠洋（あいざわ・ただひろ　1926-1989）考古学者。群馬県の赤城山麓周辺で納豆売りをして生計を立てながら、遺跡・遺物の発掘生活を続ける。新田郡笠懸村岩宿にて、日本で最初の旧石器時代の遺跡を発見し、日本の旧石器時代研究の扉を開く。主著に『「岩宿」の発見』、『赤土への執念』。

相沢忠洋略年譜

1926 6月21日、東京府荏原郡羽田村にて誕生。
1933 鎌倉に転居。この地で古代遺物に接する。
1935 父母離婚、鎌倉の杉本寺にあずけられる。
1937 浅草の叔父宅から、聖徳尋常小学校夜間四年に編入。帝室博物館の守衛、数野甚造の知遇を得る。
1944 横須賀武山海兵団に志願入団。海軍二等兵となる。
1945 群馬県の桐生横山町に復員。桐生周辺や赤城南麓における縄文早期文化を調査しながら、行商で生計を立てる。
1949 岩宿切り通しで関東ローム層の中から槍先形尖頭器を、赤土ローム層中から土器を伴わない石器を発見し、旧石器文化の存在を確信。芹沢長介の知遇を得る。
1951 県立桐生高校定時制三年編入。三ヶ月後に退学。
1955 三浦きみと結婚。翌年長男誕生。
1957 「赤城山麓における関東ローム層中諸石器文化層の位置について」を『第四紀研究』（5月）に発表。
1960 長女治子誕生。
1962 日本人類学会に入会。
1964 次女恭子誕生。
1965 NHK「ある人生」「赤土への執念」放映。
1967 第一回吉川英治文化賞を受賞。
1969 『「岩宿」の発見——幻の旧石器を求めて』（講談社）を刊行。
1972 赤城人類文化研究所を夏井戸に設立。宇都宮大学非常勤講師となる。
1973 妻きみ死去。NHKラジオ放送「この人に聞く」に七条小次郎群馬大名誉教授と出演。映画「岩宿の発見」を教育映画社が制作。
1974 日本考古学協会員となる。
1977 久保田千恵子と結婚。
1980 『赤土への執念——岩宿遺跡から夏井戸遺跡へ』（佼成出版社）を刊行。
1989 5月22日、死去。享年、62歳。
1991 相沢忠洋記念館が開設。

三浦つとむは、いわゆる「学歴」なるものが「学校歴」であって「学問歴」でないことを強調し、そんなものは学者の本質的能力と関係がないのだと喝破《かっぱ》していた[01/11]。東大を出て最終的には近畿大学の教授になった谷川健一にしても、体裁上は独学者として同じようなことをいうだろう。

けれども、ここで紹介する在野考古学者の相沢忠洋はもう少し学歴がもつ力のリアリティを痛感していたようにみえる。相沢は小学校卒業程度の学歴しかなかったが、学歴不要の一匹狼として生きることを勧めていたかというと、そうでもない。曰く「私は学歴はあったほうがいいと思っている。日本のアカデミズムは、学歴を持たない者にそれほど寛容ではないようだ。学歴はやっぱり必要だ」[02/178]。

この言葉の裏には、考古学界の派閥争いに飲み込まれていった男の素直な感想がある。だからこそ、大学に通っているにもかかわらず遊びほうけている学生には中々手厳しい。「たとえば、大学の学生さんについていうと、全部が全部そうではないでしょうが、なかには、「何のために大学に行っているのだろうか」と疑問に思ってしまう人がいます。勉強などまったくせず、遊びほうけていたり、アルバイトだけに精を出している学生さんを見ると、つい首をかしげたくなるのです」[02/169]

無論、時代は変わる。年々学費が高くなる（しかも仕送りの金額は年々減ってきてたりする）大学の状況下にあって、アルバイトせねばそもそも所属することすらできない学生の現実というものを忘れてはいけない。

逆にいえば、学歴はあるに越したことはないのかもしれないが、大学が資本主義に支配され、市場化した教育機関の発行する学位が商品に等しいものとして流通するのなら、貧しい者は学歴だけでなく学問一般にアクセスする方途をなくしてしまう。在野研究はそんななかでのオルタナティブな手段である。だが、だからといって大学の現状を漫然と肯定して事足れりとすることもできない。

閑話休題。相沢は学歴の外から自分の考古学的発見を、学歴をもつ大学人たちに認めてもらおうとした研究者だった。彼の「学校歴」に関するアンビバレントな思いがここに宿ることになる。そしてそこには、業績の捏造や剽窃《ひょうせつ》という在野研究者にとって極めて大きなアキレスとなる問題が横たわっているようにみえるのだ。

考古学との出会い

相沢の考古学との出会いは、幼少期に住んでいた鎌倉の土器に由来する。横須賀軍港に近い鎌倉では、軍関係の官舎がつくられていくが、相沢の家の裏も新住宅が建てられるための地ならし作業が始まっていた。

「その作業がすすめられていくうちに、土のなかから、いろいろな焼きものがではじめてきた。私は学校から帰るとその作業場へ遊びに行った。そしてそこからあらわれてくる土器片に、私の心は強くひきつけられていった」［03/28］

しかし、このような古代日本への郷愁にひたる暇もなく、相沢父母は離婚し、少年は波乱の人生に投げ込まれることになる。離婚の原因は相沢の父親とその親族が芸事を職業としていたことに関係していたようだ。

次に考古学的対象に触れるのは、叔父の履物屋で奉公をするため浅草へ移り住んだときのことだ。小僧の休みは一ヶ月に二回。十銭玉をお小遣いに、浅草の露店を観て楽しんでいた相沢は、その露店のなかに「分銅形をした石斧」[03/51]を発見する。三十銭するので買えない。しかし、店じまいまで黙って眺めつづけていると、観念した店主が「これでよかったらもっていきな、やるよ」[03/53]と言って石斧を相沢少年に与えた。

この斧は意外な広がりをみせる。夜間学校に斧をもっていった相沢は学校教師から、そういったものが好きならば、と帝室博物館（宮内省所管の博物館）の存在を教えられる。そこで出会ったのが博物館の守衛をしていた数野甚造だった。相沢に興味をもった数野は、自分の家に彼を招待し、考古学に関する本やパンフレットなどをひろげながら、遺跡や遺物のことを教えた。相沢の休日はこうして数野宅で古代人の生活を学ぶ特別授業に占められていった。数野は、学びのチャンスの少ない小僧にとっての家庭教師の役割を果たしたのだ。

納豆売りの研究生活

戦争が近づき、相沢は海軍に志願することを決めた。一九四四年、五月二五日、正式に入団した。相沢は着実に訓練をこなし、筑波海軍航空隊に配属された。しかしながら、艦上で広島のキノコ雲を見て、その時代も終わる。

「何もかも終わった。日本の長い間の戦争も終止符を打った。また私もこのとき、私の人生の一時期の終止符をうったのであった。／それは年輪という輪が一つずつ重なるとするならば、私の十九歳という一つの年輪が、できたのであった」[03/86]

もう奉公にも海軍にも行く必要はない。人生で初めて自由を手に入れた相沢が第一に取り組んだのは、やはり幼い頃に夢中になった考古学の道であった。

相沢は生計を立てるため、村々を渡り歩いて小間物や食料を売る行商となった。これが後に、納豆売りにつながる。この職業の利点は、様々な村を訪れるがために、赤城山麓周辺の石器や土器などの遺物を採集するのに都合がいいということだった。

「食べるほうはやっていける。私の心にわいてきた夢をより大きくもとめそだてていこう。それには、桐生や赤城山麓のあけぼの時代に住んでいた祖先の生活の遺跡をさぐり、その分布している状況を徹底的にしらべることにしよう、と自分にいいきかせた。／私は、古本屋の店先にあった陸地測量部発行の五万分の一の古地図「桐生及び足利」と「前橋」の二枚を求めた。そして、黎明期の遺跡地を見つけてはそのたびに、図上へその位置を記入していくことからはじめた」[03/111]

そのような探究の日々のなかで、相沢は細石器のようなものを発見する。細石器とは小型で刃をもつ石器で、一般的には旧石器時代後期に分類されるものだ。実は、当時の考古学界では、旧石器時代において日本に人間が住んでいたかどうかは疑問視されていた。

これをきっかけに、相沢はいままで自身が集めた遺物を整理し、〈黎明時代〉（＝縄文早期文化）の解明に乗り出す。地元の青年団と共に遺跡を求める毎日がつづく。

「遺跡の発掘調査の時期は、夏と冬が好適だった。それは、夏には野外活動に学校の休みで学生の応援を頼めるからであり、冬は寒冷気候で調査によっては支障があっても、樹木の茂りや畑作物がないため、発掘にはつごうがよかった」[03/141]

ちなみに、二〇代には嬉しい出会いもあった。川田という名の会社の社長だ。相沢の意気込みに惚れ込んだ川田は彼の生活を安定させるために、自社の製品の販売を委託する。「固定収入として三千円」、しかも「遺跡歩きのときは自由に休んでよいとの条件付き」であった[03/183]。世の中には粋な人がいるものである。

岩宿遺跡の発見

運命のときが来た。笠懸村の赤土の崖を発掘している最中、相沢は黒耀石の槍先形をした石器を発見したのだ。

「もう間違いない。赤城山麓の赤土（関東ローム層）のなかに、土器をいまだ知らず、石器だけを使って生活した祖先の生きた跡があったのだ。ここにそれが発見され、ここに最古の土器文化よりもっともっと古い時代の人類の歩んできた跡があったのだ」［03/188］

こうして考古学の重大発見を、相沢は第一に明治大学に所属していた芹沢長介に報告し、芹沢を介して杉原荘介ら他の専門家立ち会いの下、正式にその発見が公のもとで認められた。たちまちのうちに〈岩宿の崖〉や〈岩宿遺跡〉と呼ばれ、新聞各紙は大々的に報道した。

一九四九年、相沢が二三歳のときのことである。

岩宿遺跡発見以後、相沢の生活には様々な変化が訪れた。たとえば、栃木県の国立宇都宮大学の教育学部から非常勤講師の依頼を受けた。内容は、考古学について。また考古学会での発表なども度々行うようになった。私生活でも結婚をし、子供にも恵まれた。一九六七年には、第一回吉川英治文化賞を受賞した。

また、メディア関係でも、二冊の本を出版し、テレビやラジオの出演も果たした。彼の考古学への愛情から来る地道な研究活動が、正当な評価に結びついていったのだ。

専門家とのコミュニケーション

しかし、この世紀の大発見の前後にもう少し立ち止まりたい。相沢はたしかに極めて重要な石器を発見したが、それだけでは学問的業績としては認められない。「ただ遺物を集めることだけに熱心であってはならない。考古学という学問のなかで、さらにつっこんで問題を追究し、真実を求めていかなければならない。そして、つねに専門の学者と密接な連絡をとり合っていかなければ、せっかくの資料も生かすことができない、とようやく決心することができた」[03/164]

史料を発掘するだけでなく、日本旧石器時代を証明する学説として定着させるには、専門家からの承認を得なければならない。そこで登場するのが既に名前を挙げた芹沢長介と杉原荘介である。

その三角関係を中心に考古学界に巻き起こった壮絶なドラマについては上原善広のノンフィクション『石の虚塔』が詳しい。相沢は最初、明治大学で講師をしていた芹沢に自分の研究について相談した。芹沢は在野の相沢を足蹴にせず、同じ明治大学の杉原荘介と話し合い、相沢、芹沢、杉原、その他明大関係者らが主導になって発掘調査が行われた。

しかし、芹沢と杉原のあいだに暗雲がたちこめる。当時、旧帝大に比べてプレゼンスの落ちることを懸念していた杉原は「考古学の明治」[04/216]を目指して積極的にその発見を学界やマスコミに対して喧伝した。けれども、そんななかで杉原の論文は、芹沢を適切に評価せず、そんな杉原を恨んだ芹沢は、明治大学を離れることをきっかけにして杉原に対して対抗意識をもつようになった。

そして、それは第二の相沢忠洋と誉めそやされつつも、その成果がでっち上げであることが発覚した藤村新一の旧石器捏造事件（二〇〇〇年）を準備することになる。というのも、アマチュアの彼を重用したのも芹沢だったのだ。そこには、相沢の夢よもう一度、という思惑があったに違いない。

芹沢と杉原の確執を、上原は次のように整理している。

「まだ大学生だった芹沢は、この重要な発見を杉原に連絡するのだが、結局は「岩宿の証明」、つまり日本に旧石器時代があったことを証明する偉大な業績を杉原に奪われることになる。そして岩宿の論文に芹沢はただ「写真は芹沢長介君が」担当した、とだけしか書かれなかった」［04/133-134］

芹沢の離反に従って、相沢の方でも恩人の一人でもある杉原への態度が急変する。杉原は世紀の発見以降、金銭的にも相沢をサポートしたが、相沢の方は最初に評価してくれた芹沢の肩をもったのだろう。以降、彼は明治大学を毛嫌いするようになった。

専門家たちとコミュニケーションすれば自然、学閥の混乱に巻き込まれることになる。かといって、完全に専門家を無視しても正規の学術的業績とは認められない。

在野研究の心得その六、学者の世界の政治を覚悟せよ。肯定されるにしても否定されるにしても、政治的な闘争に巻き込まれれば、自分の主張が正しいか正しくないかに関わりなく、状況は動いていく。決して自分の思い通りにはならない。相沢を中心にした騒動から学ぶべきは、そのような諦念ではないだろうか。

在野研究者の子供

二度目に結婚したときの夫人である千恵子によると、相沢はよく「オレは岩宿遺跡という未熟児を産み落とした。未熟児だったから専門医に見せたら、専門医は『これは自分の子供だ』と言いだした」〔04/170〕などと述べていたそうだ。もちろん、この「専門医」とは杉原を指す。杉原の明治大学中心の態度を、相沢は業績の剽窃と解釈している。
なるほど、相沢はたしかに考古学という自分の息子を大事にしたかもしれない。だが、実際の子供となると話は微妙だ。上原がインタビューした長女の治子は複雑な思いを語っている。
「父のことですか……。べつに尊敬はしてないです。だって学問に熱中して家庭をかえりみなかったから、そんな人を女性は普通、尊敬しないでしょう。父は『家庭の団欒が――』とか書いてるけど、自分の家庭をかえりみなかったのに、何だこれって思ってしまいます。思い出すと腹が立つので、父のことにはあまり関わらないようにしています」〔04/89〕
働きながらの研究は、ややもすれば、家庭に迷惑をかける。実妹のたけによれば「ボロ家のひどい生活だったのに、アニさんは石ころとか土器だけは丁寧に保管してあるから、よくきみちゃんのお母さんも怒ってた」〔04/93〕そうだ。遠征して調査する必要に迫られればなおさらだ。それだけでなく、相沢の場合は、最初の夫人であるきみと家庭を築きながらも、途中から考古学に理解があり援助もしてくれる千恵子（第二夫人）との間に親密な関係を築いていた。それも事態を複雑にさせている。

相沢も、三浦や谷川と同じく、独学の道を歩んでいた。だが、二人と違うのは彼には子供がいたということだ（ホッファーは結婚すらしなかった）。子供が増えれば、家庭内の用事も増え、単純にダブルインカム万歳というわけにはいかなくなる。研究と生活の両立は一人暮らしよりもずっと困難なものになろう。家族の理解は不可欠だ。

在野研究の心得その七、家族の理解を得るべし。

【引用文献番号】

01…三浦つとむ『文学・哲学・言語』、国文社、一九七三。
02…相沢忠洋『赤土への執念——岩宿遺跡から夏井戸遺跡へ』、佼成出版社、一九八〇。
03…相沢忠洋『「岩宿」の発見——幻の旧石器を求めて』、講談社、一九六九。
04…上原善広『石の虚塔——発見と捏造、考古学に憑かれた男たち』、新潮社、二〇一四。

第二章

寄生しながら学問する

絶対に働きたくない

野村隈畔（**のむら・わいはん　1884-1921**）　哲学者。本名は善兵衛。小学校卒業以降、独学で東洋哲学・西洋哲学を学び、フランスの哲学者アンリ・ベルクソンに関する解説書を書く。最期は、自身の哲学に共鳴する女学生と情死する。主著は『ベルグソンと現代思潮』。

野村隈畔略年譜

1884　8月5日、福島県伊達郡睦合村にて誕生。
1907　次子と結婚。
1908　妻を残し、上京。東京にて哲学研究を志す。
1909　妻も上京。娘の美代子が誕生。
1912　キリスト教入信。のちに棄教。
1914　処女出版『ベルグソンと現代思潮』（大同館）を刊行。
1915　『自我の研究』（警醒社書店）、『春秋の哲人』（六合雑誌社）を刊行。
1916　茅原華山らと共に雑誌『第三帝国』を創刊。
1917　『自我を超えて』（警醒社書店）を刊行。
1919　波多野精一に学位論文を提出するも不合格。『自我批判の哲学』（大同館書店）を刊行。
1920　筆禍事件を起こし投獄。『未知の国へ』（日本評論社出版部）。
1921　『現代の哲学及哲学者』（京文社）、『文化主義の研究』（大同館書店）を刊行。10月、岡村梅子と情死。11月5日に遺体発見。
1922　『孤独の行者』（野村次）が死後刊行。

第一章では三浦つとむ、谷川健一、相沢忠洋という勤労な独学者三人の生涯をみた。いずれも程度の差こそあれ、在野研究者の手本となるような労働と研究のバランスをみせていた。

けれども、そんなまどろっこしいことをせずとも、そのバランスを完全に無視して邁進できる在野研究の方法がある。他人に食わせてもらうこと、ヒモになること、つまりは寄生型の研究生活である。経済的な側面をすべて他人、多くは家族の者に委ねることで研究に集中することができる。

その困難な（そしてダメ人間的な？）生活スタイルは、しかし、家族の理解の如何《いかん》によれば決して不可能な企てではない。たしかに、完全なる依存関係は無理だったとしても、現代においてたとえば、家庭内の主婦（または主夫）業を請け負うことで、家事のかたわら研究をつづけるようなスタイルは決して荒唐無稽とはいえないだろう。

その観点で興味深いのは、ここで第一に取り上げる、野村隈畔である。

野村隈畔とは？

野村隈畔とは一体何者なのか？

業績を先に紹介しておこう。隈畔の一番の学術的（に近い）業績は処女作の『ベルグソンと現代思潮』である。日本に於けるベルクソン受容については、宮山昌治「大正期におけるベルクソン哲学の受容」[01]が詳しいが、これを要約しておけば、輸入そのものは明治末期、西田幾多郎によって始められ、これを下敷きに大正期になると対カント哲学の文脈でベルクソン・ブームが起こる。その文脈で登場したのが、隈畔の処女作であるベルクソン論だ。

ただし、ベルクソン論以降、隈畔の仕事は学術的とはいえないものに近づいていく。死後出版の『孤独の行者』などは、ニーチェ『ツァラトゥストラ』を真似たような、哲学的な小説である。美学者の中井正一は、ベルクソン論から三年後に出た『自我を超えて』を京都の古本屋で買ったものの、中身が学問的ではなく、「学術的、研究的なものではない」[02/44]などという書き込みをしたそうだ。

これは後述するように、隈畔が海外思想の翻訳や紹介に終始する大学哲学と哲学そのものの営みの間に乖離を読み取ったことに由来している。もちろん、ホンモノの哲学は後者で、前者はニセモノ哲学だ。

しかし、そういったこと以上に隈畔が興味深いのは、彼は元々小学校を出た程度の学歴しかない一農民だったという事実だ。普通に考えて、隈畔には（金銭的にも人間関係的にも）学的資本と呼べるものは何もない。学校もなければ学友もない。それ以上に金がない。ナイナイ尽くしのなかで、どのようにして勉強をつづけることができたのか。

そこには生粋の在野精神と呼ぶべきものがある。

「私は幸か不幸か農家に生れたので、十年前までは農村の労働者であつた。父は尋常小学丈けで止めさせるといふのを、無理に願つて小学全科を出して貰つたが、あとは家に居つて百姓をしなければならなかつた。同窓の友達が中学校や師範学校や、その外彼等の志望せる専門学校などに喜び勇んで入つて行つたのに、私は淋しい田舎にゐて父や兄の手伝いをするのが、実に情けないと思つた。友達が夏休みなどに田舎に帰つて来るのを見ると、堪らないほど羨ましかつた。併《しか》し私は田舎で百姓をしてゐても、中学や大学に這入つた友達などに負けない程勉強してやらうと思つた」[03/2-3]

小学校時代の隈畔は算術を不得意としていたものの、成績優秀という理由で役所から賞をもらったこともあった優等生だった。しかし、貧困ゆえに、学校に通いつづけることはできず、卒業後は父母の農業の手伝いをさせられた。

隈畔のモチベーションを根本的に支えたのは学歴コンプレックスであり、格差を生み出す資本主義社会や貧困に縛られた田舎の閉鎖性への憎悪である。学びたいのに、学ぶことを許されず働かなくてはならない。なぜ自分だけが？　もちろん、特に理由などない。「百姓」という自分の誕生に先立って定められた条理なき運命に、隈畔は常に反抗していた。そして、その運命の象徴が隈畔にとって労働行為だった。

「私はいつも自分の家のサボタージをやつてゐた。私のサボタージは賃銀が尠《すく》ないとか、労働時間が長いとかいふ為めでなく、労働することそれ自身が厭《い》やであつたからである。〔中略〕自分の体質が農業に堪へ得るほど健康でなかつたので、労働するのが厭であつた。又労働のための労働をやつて何等人生の意義をも考へてゐないやうな労働には迚《とて》も私の本性そのものが堪へ切れなかつた」［03/4］

自宅でサボタージュ！

隈畔の労働嫌いは徹底している。あとでみるように、隈畔は結婚後、労働全般を妻に押し付け、労働する者を悪人視する自身の哲学を決して曲げなかった。隈畔にとって労働に費やされる人生に価値はない。

隈畔は小学校卒業以後、百姓仕事の隙をみて勉強に励む。まさに在〈野〉研究である。孤立無縁の隙間学習が隈畔の基礎学力の根本になった。そのような学び方は東京へ旅立つ二五歳までつづいた。

倫理への興味

そもそも若き隈畔は具体的に何を学びたかったのか。一言でいえば、それは倫理である。隈畔の父母は不仲で、母親はしばしば実家に帰った。口論も絶えない。そんななか、隈畔は学校で教わる「孝」に対して疑念をもつ。「若《も》し両親が不幸にして離縁することあつたとすれば、その子供は孰《いず》れに従ふべきであるか、父に従ふのが孝であるか、母に従つて行くのが孝であるか」[03/96-97]。学校の教師に聞いても回答は得られなかった。

だからこそ、百姓仕事をしながら、第一に読もうと取り掛かったのは、倫理に関する本だった。しかし、難し過ぎるためよく分からない。分からないながらも倫理が哲学の近接分野であることを知った隈畔は、今度は哲学と名のつく著作を読もうとする。しかし、これも歯が立たない。

「私は田に水引きをしながら畦《あぜ》に腰を下して宗教哲学を読んだ時、『範疇』とか、『規範』とか、その外無数の直訳語がサツパリ解らないので、遂に泣き出して了《しま》つた。私はこの時程残念だと思つたことはなかつた」[03/99]

そんななか、一筋の光明が差し込む。隈畔の生涯の師といっていい岸本能武太《のぶた》の著作である。

師匠としての岸本能武太

岸本能武太とは、日本の宗教学者である。同志社英学校卒業後、アメリカのハーバード大学に留学。そこでユニテリアン（キリスト教プロテスタントの一派）の信仰を抱く。帰国後、東京専門学校で比較宗教学を教え、一八九六年には姉崎正治とともに比較宗教学会を創設する。

隈畔と岸本の出会いは著作を通じた、隈畔の一方的な片思いだった。難解な翻訳哲学に頭を悩ませていた頃、偶然、隈畔は日本へ帰国した岸本が出した最初の著作『社会学』（東京専門学校、一八九八年）を読み、目から鱗が落ちる経験をする。「私がそれを読んで学術の興味を感じたばかりでなく、深く先生の人格に感動させられた」［03/80］。

隈畔は専門用語に関する質問をするため、岸本に私信を出してもいる。そのたびに、岸本は「一々明細に平易に説明して下された」［03/80］らしい。こうして岸本の存在は「学問をやりたいと希望するやうになつた、又東京に出て来るやうになつた最初の動機」［03/79-80］となったのだ。

隈畔には学校もなければ学友もなかった。けれども、師匠がいた。文面でしか知らない師ではあるが、隈畔は師が発する光を頼りに、哲学の難解さに打ちひしがれず、孤独のうちで研究をつづけることができたのだ。**在野研究の心得その八、自分の指針となるオリジナル師匠を持て。**

真っ暗闇の上京

岸本のいる東京に行けば、学問ができるかもしれない。二五歳で結婚した隈畔は新婚の妻を田舎に残し、希望を胸に抱いて上京する。けれども、もちろん東京に行ったからとて貧困から抜け出せるわけではなかった。

「学ばうとすれば、高い月謝を払つて何処かの大学に這入り込まねばならなかつた。併し月謝を払つても私を正当に入学さしてくれる大学は一つもなかつたのである。それもその筈である。私のやうに中学も出てゐなければ高等学校などいふものは無論知らない、それにＡＢＣさへも読めない田舎者が、突然大学に這入り得ないのは無理はない」[03/6]

学問を志し上京するも、隈畔は再度貧困にぶち当たる。金がなければ、勉強はできない。こうして彼は「大学といふものを呪ひ初め」、つづいて「現代の教育そのものを根柢から悪《にく》み初めた」[03/6]。

根っからあった学歴コンプレックスが再燃する。一応、この憎しみは一時的には収まったようだ。というのも、東洋大学で試しに一ヶ月だけ哲学の講義を聴講してみたが、偉い学者が話すその内容は、隈畔にとっては空疎なものに思えたからだ。

「それは勿論東西の哲学を兼ねたものであつた。私はその時初めて学者といふものは案外馬鹿なもので供達と一緒に聴いて居れなかつた。併し何《ど》うも馬鹿々々しくて、中学出の子あり、大学の教育なんていふものは一向つまらないものだといふことを知つた」[03/7]

ここには、隈畔が繰り返し提起する、大学の哲学は本当の哲学ではない、という考え方の原体験が認められる。しばしばいわれる、哲学と哲学研究は違う、といったタイプの考え方だ。大学哲学（いわゆる講壇哲学）には創造性がない。大学は哲学を労働化させてしまっている。ここに隈畔の不満があった。

ドツボの生活

学資がなくなって来た頃、妻が上京してくる。夫の生活を助けるためだったが、働く当てはなかった。それでも女中奉公や女工などをして必死に働くが、限畔の方は根っからの労働嫌いのため、不甲斐ないとは思うものの、決して働かない。

当然、生活は逼迫《ひっぱく》してくる。語学を修めて、いざ哲学書を読もうとしたおり、ついに金がなくなってしまう。「原書さへ沢山読めば、大学教授位のおしやべりも出来るし、物識りにもなれると思つたのに、原書を買ふどころか自分の生活さへ脅かされるやうになつた」[03/12]。

　献身してくれた妻さえも一時田舎に戻っている。経済的な苦境もさることながら、田舎から上京してきた限畔には社会関係の蓄積もない。積み重なっていくのは無能感だけ。こうしてドツボにはまっていく。

「原稿を書いたつて当時出してくれる雑誌もないし、少し語学をやつたからと云つて英語の教師になる事も出来ないし、さればと云つて何処かの通訳になることは無論出来なかつた。当時友達や知り合ひも尠くて仕事の世話をして貰ふことの出来なかつた私は、会社や銀行に這入ることすら出来なかつた。勿論私は算盤《そろばん》をはじくことも知らなければ、簿記とか数学とか言つたやうな特殊の教養もなかつた。従つて私のやうなものは社会にとつて殆

ど使ひ道がなかつた」〔03/13〕

絶対に働きたくない

極めて同情的にならざるをえない吐露であるが、他方で、それは自己責任なんじゃないか、と思ってしまうところもないではない。というのも、繰り返しになるが隈畔は徹底的な労働嫌いであり、知的労働に等しい書き物仕事にもそれは当てはまるからだ。

「友人達と或る雑誌を起したり、編輯《へんしゅう》をやつて見たりしたが、悉《ことごと》く失敗に終つた。私は毎月事務的に原稿を書いたり、編輯をしたりすることが厭やで堪らなかつた。殊に先輩や知名の人を訪問して何遍も頭を下げて原稿を頼むのが、何よりも苦痛であつた。その為めに私は悉く雑誌労働を抛《なげう》つた。それは私が外交や折衝に拙なかつたと同時に内心頗《すこぶ》る傲慢であつたからである」〔03/14-15〕

岸本との関係をきっかけに、統一基督教会の礼拝に出席するようになり、加藤一夫、吉田絃二郎、小川未明などと出会い、彼等との交友を通じて隈畔は雑誌『六合雑誌』に執筆する機会を与えられる。それに伴って、原稿が雑誌に載るようになる。しかし、このように隈畔は断じて働きたくなかったのだ。

波多野精一との因縁

しかしながら、何のツテを頼ったのか、隈畔は処女作である『ベルグソンと現代思潮』を無事刊行するに至る。その本の序文には後に政治家として活躍することになる早稲田大学教授の内ヶ崎作三郎の序文が付いている。

「君は独学にして、哲学の蘊奥《うんおう》を窮めむと精励しつゝある、好学の士である。予は過去二年間、君と交りて、その刻苦と勤勉と熱誠とを知ることが出来た。村学の外、系統的教育機関の恩顧を蒙る《こうむ》ことなく、其間、或は耕し、或は読み、或は軍隊生活を送り、外部の事情は、常に必ずしも君の為めに有利でなかつたにも拘ら《かかわ》ず、哲学に於ける造詣、外国語に於ける熟達、皆君の友人をして驚歎せしめざるはないのである」［04/1］

附録はまだある。内ヶ崎の文章の隣りには、波多野精一が隈畔に送った私信が抜粋されている。波多野精一とは宗教哲学に関して業績のある京都大学の教官だ。隈畔は自分の文章を送り、波多野の感想をもらっていた。本来ならば、波多野から序文を寄せてもらいたかったそうであるが、凡例《はんれい》によれば波多野の健康上の理由でそれは断られたそうだ。

波多野との因縁はその数年後にも関係してくる。隈畔は、どのような手続きを踏んだのか、一九一九年に波多野に「学位論文」を送っているが、結果、不合格の通知をもらっている。弟宛の書簡でその嘆きを綴る隈畔は、再びあの〈哲学／哲学研究〉というお得意の区別をもち出してくる。
「学位論文提出は見事に失敗さ。松浦専門学務局長からと京都の波多野博士からと通知が来て審査不合格の理由を報じて来た。要するに論文の研究及び態度において学究的でないといふ理由が不合格の原因であつた。けれども真の生きた哲学は学究的所為でないことは解り切つてゐることだ。僕は失敗しても素《もと》より平気だ。唯老衰した博士達を驚かしてやつたに過ぎない」〔05/247〕

　果てしなく強がりを感じさせる文章だが、ともかくもこうして、隈畔の大学への批判意識はより先鋭的なものになっていった。

　ただし、政府から独立した大学が果たす教育的意義そのものについて、隈畔はきちんと評価していたことは注記しておきたい。学の独立と言論の自由とが確保される限りで、大学は政治の諮問機関として機能しうる。だから、原理的にいえば大学の独立や自由は脅かされてはいけない。

「現在の大学は兎に角、大学としては国家内における最高の学府である以上、そこには凡《あ》らゆる学術の蘊奥が攻究されてゐると同時に、人類における文化発達の根本原理を追窮してゐる。従つて大学の教授は純粋の学者であると同時に、又一頭地を抜いた人格者として目すべきである。従つて政府と雖《いえど》も大学に対しては膝を屈して教を請ふべきものであると思ふ。〔中略〕政府は自ら進んで凡らゆる政策の根本方針について、宜しく大学に諮問すべきものでなければならぬ」〔06/272〕

本を出しても、一向に生活は楽にならなかった。東京に来てから子供も生まれた。夫婦は内職に希望を見出す。具体的には、少しオカシイが、ずばり、おせんべい屋である。

「これが甘く行けば私のやうな怠け者は洋服など着て朝早く出て歩く必要もなければ、他人のところに頭をさげに行く必要もなく、家に毎日ゴロ〳〵して居つて気の向いた時に何か一つ位書けば、間に合ふやうに思はれた。そして店では妻が働いて居り、私は私で自分の好きな原稿を書くのであるから、大分二人は睦まじく理想的に行きさうな気がした」〔03/17〕

……こいつ、ダメすぎるっ！

当然、そのような甘い見通しで生活していけるはずがなく、せんべい屋は「妻が毎日働いてゐても迚も食ふ丈《だ》けの半分の利益もある訳けでない」〔03/17〕のだった。そうして嫌々ながら食うために原稿を書く生活がつづく。

しかし、そんなことで我らが隈畔は屈さない。隈畔はドストエフスキーが言った（らしい）「現代に対する生きた批判は、たゞゴロ〳〵して寝てゐるより外に仕方がない」〔03/19〕という言葉を引き、完全なる開き直りをしている。

「現代のやうな社会において強ひて生きようとしたり、何かやらうなど〻努力するのは、実に人間の恥辱《ちじょく》である。自由の滅亡である。その人は即ち呪ふべき現代を肯定してゐるのである。社会奉仕などいふ無意味な観念で自己催眠をやつて、事業を起したり下らない原稿を書き薙《な》ぐつたりすることは、現代に対する降服である。況《ま》して労働神聖論などを持ち出して現代人の心理を瞞着《まんちゃく》するが如きはお話しにならない。ゴロ〱して寝てゐることが労働だといふ意味においてのみ、それは神聖である」［03/19-20］

『怠ける権利』のポール・ラファルグもびっくりの、労働への憎悪がここにある。断固として「ゴロ〱」する、むしろ「ゴロ〱」しない奴は悪だ、それが隈畔イズムである。隈畔はこれほどまでに労働を憎悪しつつも、労働運動のような政治活動に全く興味を示さなかった。運動は賃上げなど労働環境を改善するために企てられるが、隈畔は労働そのものを憎んでいたからだ。

情死の最期

「私は決して労働者になる為めに生れて来たのでもなければ、この世で一定の職業につくべく義務づけられて来たのでもない。たとひ私の両親がいかにして私を産んだとしても、生れるときは私は芸術家であつた、純真なる自由人であつた。従つて私達は現代に生くべく来たのではなくて、飽くまで芸術の世界、無限に自由の世界に生くべく来たのであつた」［03/21］

隈畔の思想の基調は下らない労働であくせくする現世を否定することにある。そして最期もそれに従った。一九二一年、隈畔は東京音楽学校で開かれた哲学講習会で講師をつとめた。そこで、出会ったのが岡村梅子で、彼女は隈畔の反世俗的な恋愛の哲学に魅了される。そして、一一月に二人は情死してしまう。同じ大正末期に美人記者と同じく情死した作家の有島武郎を想起させる。

献身してくれた妻をあとに残した隈畔は、三八歳の若さだった。日記の最後には〈永劫の世界への旅行者〉と書き付けてあったという。消失してしまう直前の一〇月一九日、原稿を依頼しに隈畔に面会していた『中央公論』記者の木佐木勝は次のように書いている。「哲学者といわれる人に仕事の用で会ったのは隈畔氏が始めてだったが、哲学者には社会学者や経済学者とちがった特殊な表情——何か倦怠と憂鬱に通じる暗い表情——があるように思った」[07/214]

その「暗い表情」が死を決意していた男の顔だということに、木佐木は気づけなかった。

隈畔から学ぶべきこと二つ

隈畔の壮絶な人生から学ぶべきことは多い。ただ、ここは二点にまとめてみよう。

第一。**在野研究の心得その九、コンプレックスを克服せよ**。隈畔のアンチ・アカデミズムの意識は、自分を受け入れてくれない世界に対するルサンチマンやコンプレックスの裏返しであるようにみえる。

そして、その情念は隈畔の〈哲学／哲学研究〉という区別への拘泥によって理解できる。というのも、それは同時に、〈在野／大学〉の分節に等しく、大学哲学の価値を否定することで、在野哲学の領域が、言い換えれば、自らの存在理由が確保できるからだ。

しかし、哲学と哲学研究を分けようとする欲望、さらにはその分節にホンモノとニセモノを重ね書きしたいという欲望には、大きな罠が仕掛けられてはいないだろうか。大学でないから良い、という価値判断は、大学であるから良いという判断の反転にすぎず、所詮同じ土俵に立っている。本物の在野人として独立するには、コンプレックスを克服し、真の意味で大学から自由にならねばならないのではないか。

もう一つ。**在野研究の心得その一〇、成果はきちんと形に残せ**。隈畔はぶつくさ文句を重ねつつも、ベルクソン論の処女作以降、コンスタントに著作を出しつづけていた。著作は一〇を超える。実際の物書き期間が一〇年なかったことを考えれば、多作の部類に入るだろう。そして、その多くは現在、近代デジタルライブラリーで誰でも閲覧することができる。

隈畔自身は現在のこのような事態など想定していなかっただろうが、インターネットさえあれば、自分の著作を多くの人々に届けることができる。少なくともその環境を整えることができる。

労働嫌いだった隈畔であるが、著作を形として残しておくことにより、アカデミシャンの様々な著作と同じように彼の仕事は、検索され、画面表示される。「ゴロく」にこだわっていた著者の作物さえも、物（ブッ）として残すという一点を踏むことで、予期せぬかたちで後世に伝わる。物的形式を侮ってはならない。

隈畔の文章を読んでいると、どうにも憎めないおかしみを感じてしまう。ダメダメだけど愛らしい、ハランバンジョーなこのマイナー哲学者は、現代の私たちを魅了してやまない。

【引用文献番号】


01…宮山昌治「大正期におけるベルクソン哲学の受容」、『人文』、学習院大学人文科学研究所、二〇〇五。

02…馬場俊明『中井正一伝説——二十一の肖像による誘惑』、ポット出版、二〇〇九。

03…野村隈畔『自由を求めて』、京文社、一九二二。

04…野村隈畔『ベルグソンと現代思潮』、大同館、一九一四。

05…野村隈畔『孤独の行者』、野村次、一九二二。

06…野村隈畔『文化主義の研究』、大同館書店、一九二一。

07…木佐木勝『木佐木日記——滝田樗陰とその時代』、図書新聞社、一九六五。


【引用しなかった参考文献】

・菅野聡美「大正思想界の関心事——自我・文化・及び恋愛を中心として」、『近代日本研究』、慶應義塾福澤研究センター、一九九四。
・福田久賀男『探書五十年』、不二出版、一九九九。
・舩山信一『大正哲学史研究』、『舩山信一著作集』第七巻収、こぶし書房、一九九九。初版は法律文化社、一九六五。
・水谷悟「野村隈畔における「自我論」の展開——雑誌『第三帝国』の「思潮評論」を中心に」、『史境』、歴史人類学会、二〇〇七。
・菅野聡美『消費される恋愛論——大正知識人と性』、青弓社、二〇〇一。

勝手にやって何が悪い?

原田大六（**はらだ・だいろく　1917-1985**）　考古学者。日本一の大銅鏡が見つかった平原遺跡の発掘、調査、復元などを手がける。自宅に遺跡の復元室を建設。官学アカデミシャンに対する容赦ない攻撃から〈ケンカ大六〉の名で知られる。主著に『日本古墳文化』、『実在した神話』、『邪馬台国論争』など。

原田大六略年譜

1917 1月1日、福岡県糸島郡前原町にて誕生。大正六年誕生にちなみ大六と命名。

1931 福岡県立糸島中学校の東洋史の授業で糸島の遺跡の重要性を聞き、感銘。考古学に熱中。

1935 上京し津上製作所に就職。ゲージラッピング工になる。

1938 徴兵。中国東北部に渡る。

1945 年末復員し前原町波多江に住む。一時、中学校の教員をする。

1947 中山平次郎を訪ね、師事。考古学の研究を本格的に始める。

1949 福岡県糸島郡の石ヶ崎で支石墓を発見、発掘調査を行う。最初の公表文「考古学上から観た糸島の農耕文化」を『糸島新聞』に発表。

1950 福岡市今津で長浜貝塚を発見、発掘調査に参加。

1954 宗像郡の沖ノ島調査団の調査委員となり、沖ノ島第8号祭祀遺跡の発掘調査に従事。『日本古墳文化――奴国王の環境』（東京大学出版会）を刊行。

1956 原田イトノと結婚。

1958 報告書『沖ノ島』（宗像神社復興期成会）が完成。

1963 『磐井の叛乱――抹殺された英雄』（河出書房新社）を刊行。

1965 糸島郡前原町有田で平原弥生古墳を発見、調査団長として緊急調査。出土した鏡の復元を始める。

1966 『実在した神話――発掘された「平原弥生古墳」』（学生社）を刊行。ベストセラーに。

1969 『邪馬台国論争』（三一書房）を刊行。ベストセラーに。

1970 自宅に鉄筋コンクリートの平原遺跡出土復元室を建設。

1973 『万葉集発掘――考古学による万葉集解読』（朝日新聞社）。梅原猛と対談（『西日本新聞』）。

1974 松本清張とNHKテレビで対談。

1975 『日本国家の起原』（上下巻、三一書房）を刊行。

1978 西日本文化賞受賞。

1980 『銅鐸への挑戦』全5巻（六興出版）を刊行。

1985 5月27日、死去。享年、68歳。

「大学の教授達よ！　小づかい銭かせぎに、同じ講義を他の大学でやるのを止めよ。そんな時間があるのならそれを研究時間に当てよ。大事な時間を真のアルバイトに向け、そして著述せよ」〔01/33〕

隈畔につづいて寄生型の研究者として取り上げたいのは、考古学者の原田大六である。原田大六という男を紹介するとき、最初に思い浮かぶのは、隈畔に負けず劣らずの、官学のアカデミズムに対する超攻撃的な姿勢だ。

原田の攻撃力はハンパない。主著のひとつ『邪馬台国論争』では、東京大学の考古学者の実名を挙げ、その教授が書いた虚偽記載の件数をカウントした「虚偽頻度」なる表を設け、ある学者については「資料が不足しているのではなく、頭脳が欠如している」〔02/278〕とまで書く。敵は容赦なく叩き潰す、それがいつしかあだ名された〈ケンカ大六〉の第一の特徴だ。

原田は他の誰よりも在野という場所に誇りをもっていた。筋金入りの在野人。原田にとって、大学の温室でぬくぬくと育てられ相互批判の精神を忘れたヌルい学者など、集団主義と権威主義の成れの果てが行き着いた金魚の糞に等しかった。加えて、そこには欺瞞的な戦後民主主義に対する苛立ちもあったのだった。

敗戦から考古学へ

原田が考古学を意識するようになったのはずいぶんと早い。一五歳の少年は、歴史の科目を担当していた糸島中学校教諭の安河内隆から地元の糸島の遺跡の重要性を聞き、安河内と共に中学周辺の調査を始める。しかし、考古学に熱をいれすぎたためか、学校の成績の方はふるわなかったようで、進学は諦め、働きながら勉強しようと上京する。

けれども、原田の計画は、時代の荒波によってはなから挫折しかけていた。東京では金属研磨工となるが、二一歳のとき、彼は徴兵されて、中国へ渡ることになる。そして、中国で敗戦を迎えた原田はもう既に二九歳になっていた。

「今までにたどってきた二十九年間の人生で、何をしてきたというのであろう。ああ何かをしたい。何か世の中の役に立つようなことをしたいというのが、百八十度の転回を要求された「敗戦」という現実の中から生まれたわたしの叫び声であった」[03/37-38]

同じ考古学者の相沢忠洋も敗戦を機に考古学への本格的な勉強を始めるが、やはり原田も似たようなルートで自身の学問道を歩み始めることになる。原田は研磨工（ラッピング工）に何の愛着ももっていなかった。それは単なる生きるための手段にすぎない。「ゲージラッピング工が、生活のためであったというのも、考古学の研究をしたいためではなかったか。十八歳から二十歳までの、今でいう青少年期の念願は、考古学者になりた

いという以外になかったはずである」［03/39］

勝手に考古学者宣言

青春時代を無為にすごしてしまった男が、心機一転、全く新しい生活を始める。ここまでならば、よくある定型的な物語にすぎない。

しかし、原田の決意が強烈だったのは、家族をはじめとした親族に対し、考古学を志すことを宣言し、それ以後、一切働くのをやめてしまった、という点だ。親族の反応は「敗戦のショックで、てっきり頭にきたなと思われたのも無理もなかった。「へんちくりん」と笑い去る人にも一理はあった」［03/40］、といった風だった。

在野研究の心得その一一、周囲に頭がおかしいと思わせる。在野で研究などやろうとする人間は周囲の人々から、おおかた変わり者だと思われることになる。ときに、それが不快だと感じることもあるかもしれないが、しかしそのぶん、コミュニケーションに巻き込まれるコストを支払わずにすむ。下手な期待でお節介されるよりも、「へんちくりん」として関係性を切るように誘導するのもひとつの手だ。

そんな原田は自身のことを「八無斎」と言った。六無斎とは、江戸時代後期の経世論家である林子平の号。林は寛政の三奇人の一人に数えられ独自に軍事研究を進めた人だが、号の由来は彼が詠んだ〈親も無し妻無し子無し板木無し金も無けれど死にたくも無し〉の六つの無しに由来している。
原田はその六無斎をアレンジしながら、加えて二つの無しをつけ足している。「①一坪の土地もない。②家もない。③金もない。④学歴もない。⑤資料もない。⑥書物もない。⑦妻もない。⑧職もない」[03/41]。要するに何もない訳だが、原田はそれでも初心貫徹を目指した。
「「ないないづくし」の八無斎であればあるほど、勇気は百倍しようではないか。砂をかじろうと、いつ倒れようと、自分の夢だけは捨てたくない。いや、夢はむしろ、いかなる障害でも乗り越えるだけの、暖かさをもって、わたしの前途を支配していてくれた」[03/41]
何もなくても夢や勇気があれば、それで最強だ！

師匠としての中山平次郎

原田が研究に邁進できたのは、師匠を得たことで専門家としての自信をもてたことも関係している。日本に帰国した翌年、原田は書物を通じてその学説に心酔していた中山平次郎に師事しようと、宅のある福岡市荒戸町を訪れた。中山は石器時代と古墳時代の間の〈中間時代〉を提唱した考古学者で、元々は医学をやっていた人だ。今ではこの中間時代は弥生時代と呼ばれている。

原田が有名な考古学者に師事しようとしたことは過去にもあり、そのたびに断られていたそうであるが、中山は彼を丁寧に招き入れ、入門を快諾した。それから九年間ほど、原田はみっちりと中山の個人授業を受けることになる。

「ずぶの素人であるわたしに、ジェスチュアも笑談もまじえて、鄭重《ていちょう》に指導された。長い時は、一日に六時間以上に及び、九ヵ年間の講義は、のべ三百時間にもおよんだであろう。わたしはその間一度も足を崩さなかった。板の間で、しびれる足にもまして、一言一句を聞きもらすまいとした」[03/42-43]

原田が中山の門をたたいたとき、丁度中山にもまた転向のときが来ていた。戦前の中山は元々病理学者で医学博士の学位をもっていたが、居住地の九州北部に眠っている考古学的価値に魅せられ、考古学に専門を変えた。

しかし考古学界にはあまり歓迎されず、戦後になっても学会からはほとんど無視され、論文発表や報告の機会も邪魔されていた。そんな孤立無縁の状況のなか、遺稿覚悟で再び考古学を志す。原田が訪ねたのはそんな折であった。

原田が繰り返していたアカデミズムへの攻撃は、師匠である中山の屈辱を晴らそうとする側面が明らかに大きい。沸いて出る論敵から、天下の大発見、進化論を擁護しようとする「ダーウィンの番犬」こと生物学者のハックスリーの手紙を引きつつ、「孤城の主中山先生の番犬になり、その足ともなって遺跡に当り、発掘に従事しよう」と原田は決意していた[03/48]。〈ケンカ大六〉の闘志の源泉のひとつはここに求められる。

言論封殺するアカデミシャン

しかし、アカデミズムに対する怒りの原因は、師匠の不遇だけではなかった。その被害は自分自身の著書の発表にも及ぶ。

中山に教えを請うてから三年、原田は自分の研究成果を『日本国家の起原』の名の下に、原稿としてまとめた。それを岡山大学の教授になる考古学者の和島誠一に託したところ、原稿は明治大学教授の後藤守一（相沢忠洋と因縁の関係にあった杉原荘介の師匠）にわたったが、結局、一年近く無視されたすえ、何の通知もなく返送された。

『日本国家の起原』自体はそれからずいぶん経って改めて刊行されたが、原田はこの恨みを決して忘れなかった。客観的なことの真相は確定できないものの、上記の仕打ちの背後に原田はアカデミシャンらの陰謀を読み取ったのだ。

「中山博士の論文を戦前に妨害した後藤守一教授によって、門下生もまた妨害されるという循環を、和島氏が知って後藤教授に検討をたのんだとしたら人が悪い。何もそうした引き廻したことをしなくても、和島氏自身で決着はつけられることであった。それを後藤守一氏も駄目だということにして、私の『日本国家の起原』を排斥する理由にしたとしか考えられない」［04/3］

また、和島との因縁はこれだけに留まらず、一九五四年に『日本古墳文化』を東大出版会から刊行したさいも、和島の妨害工作によって発売から二ヶ月で絶版の宣告を受けたという。「和島氏「絶版にした」、私「なぜ」、和島氏「売れ過ぎるから」、私「売れたら何が悪い」、和島氏「あんな考えが世間に浸透しては困るというみんなの意見だ」、私「みんなとは誰と誰」、和島氏はそれには答えなかった」[05/1-2]。

原田が陰謀を確信したのは、和島の著作『大昔の人の生活』（岩波書店、一九五八年）に『日本国家の起原』で主張した学説の盗用があったことに由来する。また、一二年経って、その著作の改稿を思い立ち、日本考古学協会第二八回総会で改稿の一部「考古学上における事象と物象」の発表を企てたところ、それもやはり和島と他二名の教授の談合によって中止された。

異論があることは構わないが、それは正面から議論を戦わせればいい。原田にとって、怒り心頭だったのは、真っ向からの学説批判を回避し、言論の自由そのものを封じる、そんな姑息なやり口だった。論文上で行われることになる原田のアカデミシャンへの執拗とさえいえる罵倒は、つまりは同時に、自分自身がアカデミシャンから受けたかった真摯な批判でもあるのだ。

コトとモノの相互補完

原田の仕事を乱暴に要約すると、日本書紀や古事記に描かれた数々の神話は妄想の産物ではなく、現実に起こった史実の神話的翻訳である、ということだ。それを考古学的に発見した様々なモノを頼りに実証していく。この延長で後年には万葉集の研究などにも取りかかっている。

いうなれば、考古学と文献史学のドッキングである。コト＝事象（文献史学）とモノ＝物象（考古学）の両輪で歴史を捉えていく態度、それが原田考古学の真髄である。

『実在した神話』で第一に批判されている歴史学者の津田左右吉を筆頭に、戦後登場した歴史学は戦前の皇国史観を反省するためか、神話的言説を批判的に取り扱った。つまり簡単にいうと、古事記などオトギバナシに過ぎないという批判だ。和島が原田の言説を圧殺しようとしたのも、戦前的な皇国史観に実証性を与えるような研究であったからだ、と原田は振り返っている。危険視された、というわけだ。

専門家でないため、原田の言説の妥当性を正確に判断することはできない。個人的な感想を記しておけば、原田の文章はときおり、論証が雑駁《ざっぱく》なのではないかと思うことはある。

原田をモデルに小説を書こうとしていた松本清張が述べるに、「大六さんは発掘や考古学の領域では偉い業績があり、それにとどまっていればよいものを、歴史の不慣れな分野に手を出し、しかもそれに大六さんの面目を出そうと自負するのあまりか、首をかしげるようなことを言い出すようになった」［06/43］。確かにそのような側面はあるかもしれない。

しかし、これで原田を単なるトンデモだとくくって無視することはできない。解釈はともかく、彼には発掘そのものの実績があった。つまり実際にモノとして貴重な証拠を発見しているのだ。この成果は否定できない。

最大の成果は、一九六五年、平原遺跡で日本一の大銅鏡をみつけたことだろう。鏡の破片を見つけたことをきっかけに、国や県は年度末にもかかわらず、緊急調査費三〇万円を計上。原田も私費三〇万円を投入して掘り進めた結果、割竹型木棺や鏡・剣・玉のセットなども出土した。

原田はこのタイミングで雲隠れ事件を起こす。アカデミシャンを敵視していた原田は、出土品を見せれば、それらが都市部の博物館や大学に収奪されるに違いないと警戒し、収蔵庫の鍵をもって、行方をくらましたのだ。

遺物を私物化しているという批判に耐えながら、原田は自宅に自腹で復元室をこしらえた。私財を投じて発掘し、県が何もしないので私財で修復した、というのがその理屈。返却の条件は出土した前原町にしかるべき施設をつくり、展示することだった。

原田はアカデミシャンの盗用と都市部中心主義を警戒していた。実際、高松塚古墳の出土品は、東京に持ち去られていた。文化財自主管理という荒業も、原田の経歴から考えると無理からぬことではあった。

内助（というより外助）の功

このような激烈な反骨精神は、もちろん、彼の「八無斎」的な開き直りに由来していよう。しかし、どんな反骨も経済的基盤なしには支えられない。

勝手に考古学者宣言をした原田は、教師をしていた姉の家に一時居候し、研究に着手するが、そんななか、三九歳のとき、たまたま同姓で小学校教諭をしていた原田イトノと結婚することで八無のうちひとつは消えていた。

それ以後は、イトノの稼ぎを当てにして原田は研究生活をつづけた。内助というより外助の功で営まれる、寄生的研究である。原田の死後、インタビューを行った藤田中《あたる》によれば、イトノは次のように述べていたという。

「大六は〝妻食主義〟でした。教師の私が食わしたからではなく、妻の私を食って生きていた。私はよく大六夫人と言われましたが、本当は第六夫人。あの人にとって、考古学が第一夫人、私は六番目だった」〔07/55〕

しかし、なんだかんだいいつつもイトノは原田の最大の理解者だったようにみえる。彼女は原田が死んだ後も退職金をはたいて報告書『平原弥生古墳』（葦出版、一九九一年）を自費出版している。この報告書刊行後、原田がみつけた平原遺跡の鏡などが国宝として認定された。結婚するにさいして、「結婚相手は「嘘をつかない、自分より頭のいい人」と決めていましたので〔中略〕何の問題もありませんでした」〔07/130〕と、無職をはじめとした七無はあまり関係なかったそうだ。

在野研究の心得その一二、研究の手助けをしてくれる配偶者を探そう。

【引用文献番号】


01…原田大六『銅鐸への挑戦』第一巻、六興出版、一九八〇。

02…原田大六『邪馬台国論争』、三一書房、一九六九。

03…原田大六『実在した神話——発掘された「平原弥生古墳」』、学生社、一九九八。

04…原田大六『日本国家の起原』上巻、三一書房、一九七五。

05…原田大六『日本古墳文化——奴国王の環境』、三一書房、一九七五。初版は東京大学出版会、一九五四。

06…松本清張「「呪術」の合唱」、『図書』、一九八五・九。

07…藤田中『面会謝絶だぁ——孤高の考古学者・原田大六』、西日本新聞社、二〇一〇。


【引用しなかった参考文献】

・菊池誠一「考古学者　原田大六論」(〈一〉〜〈八〉)、『学苑』、二〇〇四・三〜二〇〇五・一一。
・『昭和を駆けた考古学者原田大六——伊都国にロマンを求めた男』、糸島市立伊都国歴史博物館、二〇一〇。

第三章

女性と研究

女性研究者という生き方

高群逸枝（たかむれ・いつえ　**1894-1964**）　女性史学者。本名はイツエ。雑誌『婦人戦線』を主宰。詩人、フェミニズムとアナーキズムの評論家の活動を経て、婚姻史を中心に、日本母系制社会の解明から女性の歴史をたどる女性史学を創始する。主著は『母系制の研究』、『招婿婚の研究』など。

高群逸枝略年譜

1894　1月18日、熊本県下益城郡豊川村にて誕生。
1909　県立熊本師範学校女子部入学。翌年退学。
1912　熊本市私立熊本女学校に入学。
1913　家計援助のために自ら退学。紡績工場の女工員として入社。翌年3月退職。
1914　西砥用尋常高等小学校代用教員（月給8円）になる。
1919　橋本憲三と結婚。柳沢健に短歌が激賞される。
1921　『日月の上に——長篇詩』（叢文閣）、『放浪者の詩』（新潮社）を刊行。
1922　息子を死産しショックを受ける。
1925　女性史の母胎となった評論「恋愛創生」を発表。
1930　平塚らいてうらと無産婦人芸術連盟を結成。機関誌『婦人戦線』を創刊。
1931　『女教員解放論』（自由社）を刊行。〈森の家〉で女性史研究を本格的に始める。
1936　『大日本女性人名辞書』（厚生閣）を刊行。これが機縁となり高群逸枝著作後援会が発足。
1938　『母系制の研究』（厚生閣）を刊行。
1939　財団法人服部報公会の研究費を受ける。
1941　財団法人啓明会の研究費を受ける。
1947　自宅を女性史研究所と呼称。『日本女性社会史』（真日本社）を刊行。
1951　熊本県教育委員会から近代文化功労者に推される。
1953　『招婿婚の研究』（大日本雄弁会講談社）を刊行。
1954　『女性の歴史』全4巻（講談社）を刊行開始。
1957　アジア財団から研究費を受ける。
1962　熊本県松橋町名誉町民に推される。
1963　『日本婚姻史』（至文堂）を刊行。自叙伝『火の国の女の日記』を起筆。
1964　6月7日、癌性腹膜炎によって死去。享年、70歳。

はからずも第二章は原田イトノの献身で終わった。いや、イトノだけではない。石ころに囲まれた生活に耐えた相沢の妻にしろ、絶対に働きたくない夫を支えた隈畔の妻にしろ、在野研究者たちの営みは、しばしば家族の人間に迷惑をかける。しかも、迷惑を一方的にこうむる家族というのは、往々にして特定の性別、端的にいえば女性であったりするものだ。

男たちの夢のために犠牲になる女たち？　もちろん、第三者が勝手な同情などして、自分の価値観を他人に押し付けるべきではない。好きでやっているのならば別に構わなかろう（イトノなどは原田の研究活動を積極的に支えていたようにもみえる）。けれども、在野研究という生き方を本気で主張するのならば、性差の非対称的関係に宿りやすい権力性に鈍感であっていいとも思われない。

いや、そもそも本書はここまで、研究の主体を暗黙のうちに男性であると自明視しすぎてきたかもしれない。しかし、当然のことながら、研究者になるのは男性だけではない。世の中には優れた女性研究者（そして、その他の性をもつ研究者）が数多く存在している。当然それは在野研究者についても同様である。

その文脈の上で、先ず始めに名前が浮かぶのが、アナーキズム&フェミニズムの評論家としても活躍していた女性史学者の高群逸枝である。主婦として夫を支えるなんてアナクロは断固拒否。高群の恋愛至上主義に由来する「一体主義」[01/4]は、夫である橋本憲三というパートナーを得て、女性史学という未踏の領域の開拓に邁進していったのだ。

女教員時代

小学校の校長を父にもつ高群は、教師から「老成している」〔02/113〕と評されるほどの博学な少女として優秀な成績をおさめ、高等小学校を卒業したあとは、師範学校に進むことになっていた。だが、その進路は自分が納得いくものではなかった。というのも、師範学校は教員養成機関でしかなく、高群は大学での学習を切望していたからだ。

「私のほんとうののぞみをいえば大学に進みたいのだけれど、いまの学校は師範学校に入るための予備校なので、将来は私たちがよく知っている世間的な、そして主として月給とりだけの目的の村の女教員にしかなれないように私は宿命づけられている」〔02/123〕

その「宿命」は一時現実のものとなる。「学問と真理に専念することのゆるされている人たちのことを、このときほど、羨ましいと思ったことはなかった」〔02/182〕。一九歳のとき、家計援助のために熊本女学校を退学し、一年だけ紡績工場の女工員をつとめたあと、西砥《にしと》用《よう》尋常高等小学校に代用教員として赴任したのだ。

この「山の女教師」〔02/188〕の経験が、のちに、『女教員解放論』という風変わりな名前をもつ評論となる。女教員の地位の低さに対してその改善を訴える高群は、女が教員になる根本の動機として、経済的理由（金が足らない）や社会的理由（家庭の外で働きたい）だけでなく、「女の母性愛の本能」の欲求を読む。

「女が今日教員を志す動機には、単なる職業として、もしくは単なる社会的な活動の機関としてのみではなく、女の母性愛の本能が、自らを普遍的に表現しなければならないといふ、必然発生的の動機、それがひそんでゐるのではなからうか」[03/7]

高群に従えば、この「母性」のフェミニズム的な要求によって、学校にはびこる不正は正される。たとえば、貧民の家の子供にとっての遠足の恥辱（小遣いと着物の格差）などは許されるべきではない。また、勢力家の子供を叱ると、叱った教師が学校を辞めさせられるような不平等な体制（モンスターペアレンツ！）を認めるべきではない。

また、学校を支配する「考査意識」[03/49]もよくない。生徒の狭隘《きょうあい》な競争心や功名心が刺激されるだけで、阿諛《あゆ》や事大主義を促してしまう。母性愛は「すべての考査を無視せよ。夫《そ》れは他人のすることと思へ」[03/54]と命じる。

教師間でも問題は起こる。とりわけ、代用教員と師範学校の教員、そして男教員と女教員のあいだの溝は埋まらない。「私は終日教室にゐて、生徒とだけ話したり、遊んだりした。私は教員室を喜ばなかつたし、その上、女教員に対する評価のいかに低いかといふことが、私の心を穏やかならぬものにした」[03/29]。

要するに、不満だらけの教員生活だったわけだが、しかし教育者としての高群の人生は橋本憲三という一人の男との運命的な出会いによって大きく変わっていく。橋本と出会っていなかったら高群は一地方の女教師として終わっていたかもしれない。

橋本憲三との恋愛と結婚

『火の国の女の日記』では橋本憲三は一貫して「K」と表記されている。そんなK、もとい橋本は、もともと高群と同じ末端の一教師で、彼が出していた回覧雑誌『少数派』に文章を寄せたことから、交流のきっかけができた。

初めて会ったときから橋本との恋愛にのめり込んでいった二三歳の高群は、教職をやめて『九州日日新聞』の新聞記者を志すも失敗し、橋本との関係もこじれ、経済的にも精神的にも追い込まれる。そして、ついには半年間の四国巡礼の旅に出ることを決める。お遍路によって突破口が見つかるかどうかは定かではないが、ともかく出る。彼女の『娘巡礼記』（朝日新聞社、一九七九年）はその記録である。

一九一九年、巡礼を終えた高群は無事に橋本との結婚を果たす。この年は、自身の短歌が外交官であると同時に詩人でもあった柳沢健に認められ、詩人として文学者として活躍していくきっかけとなった記念すべき年だ。柳沢は、田舎に埋もれるのは国家の損失、と外務省でのポストを準備するほど彼女を評価するまでに至る。が、その誘いは自信がなかったために断った。

ここで得た広いツテやコネは、その後の研究生活において大きく生かされていくことになる。また、高群自身は雑文書きを基本的に嫌がりながらも、著述業によって研究資金を得ていくようにもなる。

しかし、当初の結婚生活には難儀したようだ。橋本は「真の恋愛にちかいものは娼婦との関係だけ」という「瞬間恋愛説」〔02/272〕を唱えたり、「自分はこれまでは女性にたいしては劣等感をもっていて、女性の前には頭が上がらない感じだったが、あんたを得てからはそれがなくなり、これからどんな女性とも恋愛ができるだろう」〔02/275〕と言い出したり、果ては暴力をふるったり……と、要するに、至極面倒なモラハラ＆ＤＶ男だったのだ！

〈森の家〉生活の始まり

しかし橋本のその面倒な性格は、高群の記述を信じれば、共同生活のなかで大きく変わっていった。ヘンリー・デイヴィッド・ソローの『森の生活』を意識した世田谷の〈森の家〉、つまり住居兼研究所を構える頃になると、橋本は完全なる協力体制で彼女の研究の支援に徹する。「私は跪《ひざまず》いてあなたのしもべになっても悔いるところがない」〔04/12〕らしい。……うん、これはこれでウザイな。

ソローはウォールデン池畔の森のなかに丸太小屋を建て、孤独な自給自足の生活を二年ほど送ったアメリカの思想家だったが、高群の〈森の家〉生活には橋本というパートナーがいたわけだ。彼は高群の死後、『高群逸枝全集』全一〇巻の編集を引き受け、『高群逸枝雑誌』を主宰した、極めて重要な人物である。

高群と同じ熊本県生まれの谷川健一は編集者時代にその家を訪ねたが、「一人の男が出てきて「先生はまだおやすみになっています」」〔05/386〕と門前払いを食らった思い出をもっている。この男こそ橋本憲三その人だった。

母性保護の要求

高群と橋本のあいだには子供がなかった。〈森の家〉生活では、飼っていた鶏をあたかも我が子のように可愛がる日記が残されている。ただ、厳密にいえば彼女は二八歳のとき、憲平と名づけていた胎児を身ごもっていたが、不幸にも死産で亡くしていた。

このショックがのちの母性の歴史研究につながったと高群は回想している。

「産児は社会全体によって守られねばならず、これを阻害する条件はすべて排除されねばならないという強い意欲を、私は胎児の意志として感じた。数千年来、産児は各自の家々の私的保障にゆだねられてきたが、そうすると各自の家々の貧富の差別によって歪められねばならない。これは胎児の意志ではなく、したがって母性の意志でもない。だから私は、その後、自他の無知や、その他あらゆる障害物に阻まれながらも、この一点を追求するための火を燃やしつづけ、けっきょく母子保障社会の必然性を歴史的に実証しようとして女性史研究に入った」〔02/329〕

一九一八年には、主に平塚らいてうと与謝野晶子のあいだで母性は国家の保護下に置かれるべきか否かが議論された母性保護論争が起こっていた。その文脈でいえば、高群はらいてうの方に近しい保護派の立場に立ったといえよう。

既に明らかなように、高群の女性史研究はそれに先行するフェミニズム的な言論活動、そして女性として生まれた自身の実存と深く結びついている。ここに、アカデミシャンでもたぐいまれな研究への執念の原因がある。

古代母系制の探究

一九三一年、高群三六歳のときから始まる門外不出、面会お断り、一日平均一〇時間勉学の〈森の家〉研究生活はなんとその後、三三年間にも及んだ。ちなみに、古本市や図書館に行くのは橋本の仕事だ。高群の方は、「起床は六時。八時に朝食。それから書斎に入り勉強。昼食抜きで午後四時にそれをやめ、六時に夕食をすます。夕食後は勉強のつづきやら原稿執筆やらにおくる。十時就寝」[04/23]。高群の構想していた女性論三部作、つまりは婦人論、恋愛論、日本女性史を完成させるために、資料を読み漁る日々が繰り返された。

「私がはじめにとりかかったのは、日本母系制のことであった。新憲法前までは、「家族制度」は日本歴史のはじまりからあったもので、世界にほこるべき日本固有の制度だというのがいっぱんに通っていた説であった。つまり家族制度は国の基だとされたのであった。／この観点から婦人の教育も阻まれ、参政権もあたえられず、いまからみるとごく初歩の民主主義婦人論が、家族制度破壊の名のもとに発売禁止になる状態だった。だから右の通説を批判したり、学問研究の対象とすることは、国家的反逆とみなされたので、だれも正面きって研究に立ち向かうものがなかった」〔04/20〕

こうして、多祖現象（同じ共同体から発祥した同じ氏称のものが、別の祖先から出ていると称していること）と母系社会とのつながりのインスピレーションを得、七年の歳月をかけて書かれた主著『母系制の研究』が結実する。この姉妹篇『招婿婚《しょうせいこん》の研究』と合わせて、高群が主張したいことは大雑把に要約すれば次のようなことだ。

現在の男性中心的な社会とは異なり、古代の日本では母系制が発達し、女性中心の家族制度の時代が続いていた。にもかかわらず、女性たちは男性に奉仕する奴隷的な立場を押し付けられていく。古代から平安初期までの日本では、婿取婚によって家は女のものという母系制が支配していたが、鎌倉時代から室町時代になると嫁取婚が主流となって決定的に女性の地位が下落していく。

丹野さきらのまとめるところによると「高群逸枝の母系制イメージは、次の三つの言葉に集約される。すなわち、「自由恋愛」、「充実した母子保障体制」、そして「権威ある女性」」〔06/31〕である。

高群はあらゆる文章で、いままで女性史といえば、社会で活躍した女性列伝のようなものしかなかったという嘆きを強調している。そして、自分の業績はそこに学問的な突破口を切り拓いたのだ、と。学問の道に自身の存在理由を見出すようになった高群は、ここから雑文書きを極力抑え、研究に没入していくようになる。『火の国の女の日記』のなかにある「学問と花」という詩は象徴的に高群の研究生活を表現している。

「学問はさびしい
途中で一二ど世間の目にふれることもあるが
すぐ雲霧のなかに入る道
この道をこつこつゆけば
路傍の花が「わたしもそうですよ」という
春はなずなの花が
秋は尾花がそういう」〔04/171〕

後援会と助成金

その「さびしい」研究生活の持続を支えたのが、夫の献身もさることながら、彼女の知り合いを中心に組織され、戦後までつづいた高群逸枝著作後援会の存在である。これは歴史上で活躍した女性を列伝風に解説した『大日本女性人名辞書』を出版したさいに結成された。西川祐子は「後援会は平塚らいてうと朝日新聞の竹中繁子らがよびかけたもの」［07/157］として次のように要約している。

「後援会の人びとは直接の援助の他に、高群が雑誌類に研究紹介や随想を執筆する斡旋、諸機関のだしている研究助成金獲得の運動をしている。在野の研究者の仕事が個人の資産や一定の財団に援助されるだけでなく、多数の人びとからなる後援会のさまざまな努力によって、しかもこのように長いあいだ支えられた例は他に少ない」［07/157］

後援会は高群の生活と健康を気遣い、物資などを届けた。無職同然の在野研究者が戦後に闇買いもせずに暮らせたのはこういった支援の力が大きい。

在野研究の心得その一三、様々な人とのコネをつくっておくべし。研究に役立つのは研究者たちとの関係性だけとは限らない。後援会ができる人間は稀だろうが、分野を問わない関係の蓄積は、意外なところで役立つことがあるだろう。

高群逸枝著作後援会は、研究助成金の獲得も後押しした。助成金の取得もまた、高群という在野研究者の大きな特徴のひとつだ。『招婿婚の研究』を出版したさいは、財団法人服部報公会と財団法人啓明会からそれぞれ、二千円と三千円の助成金をもらっている。古代から現代までの女性観の通史を記述した『女性の歴史』に対しては市川房枝の紹介でアジア財団から助成された。

「これらの財団は、発明・発見・学術研究等の助成を目的としているもので、多くはアカデミックの人たち、大学や研究所等の教授たちに掌握され、民間の学者でこの利益にあず

かるものは稀少だった。まして大学入学さえ閉ざされていた女性の学者がどんな待遇を受けていたか？」[04/91-92]

在野研究の心得その一四、助成金制度を活用しよう。助成金というとその範囲は大学教授や大学院生に限定されているように考えてしまう。実際、学振（日本学術振興会特別研究員）や科研費（科学研究費助成事業）をうまく利用しているのは圧倒的に大学に所属する研究者たちだ。応募要項も所属や推薦者の必要など、ハードルがあるものが多い。

けれども、そんななか在野でも応募できる助成金制度は数少ないが存在する。詳しくは〈日本学術振興会〉や〈公益財団法人　助成財団センター〉のホームページなどを参照して欲しいが、たとえば科研費でいうと〈奨励研究〉という名で公募されている。〈奨励研究〉とは大学などの研究機関で行われていない一人で行う研究を助成する目的でつくられた制度の枠である。

在野研究者のアキレス

高群の残した研究生活の記録は極めて感動的だ。ただし、同時に明記しておかねばならないことがある。つまり、高群の婚姻史研究は今日、厳しい批判にさらされており、それは単なる間違いに留まらない資料の改竄さえ行っていたのではないか、と論じられているということだ。

鷲見等曜《すみとうよう》『前近代日本家族の構造』〔弘文堂、一九八三年〕を経て、高群批判の決定版といっていい栗原弘による批判は次のように述べている。

「もっとも憂慮すべきことは、自説の構想を強引に押し通すために、どうしても無視し切れない状況になると、系図を改竄したり、はては日記の内容を改変する行為まで行っている。これなどは、通常の歴史研究者には、考えられない、自己破滅的としか表現のしようがない行為である。〔中略〕彼女の誤りは、ある史料を、彼女流に解釈することが、誤っていると本人は自覚しており、極めて強い意識下にそれを行っている所に特色がある。要するに、高群学説の誤謬は、真実をひたすら追い求めた結果、誤ったのではなく、真実をひたすら追い求め、真実を知りながら、意図的に誤った方を選択した結果だったのである」〔08/340-341〕

栗原は決して高群の業績を全否定していない。たとえば平安時代の家族が父母・息子夫婦・内孫が同居していると信じられていた通説に対して、父母と息子夫婦が同居しない事実を発見したことについては、「今日でも、その価値は失われていない」〔08/351〕と評価する。

けれども、平安時代に妻方居住婚〔男性が女性の両親の家、ないしはその付近に住む婚姻〕が主流であったとする婿取婚学説に関しては「部分的修正など全くきかない、重大な誤謬がある」〔08/351〕と主張する。高群にとって婚姻研究は自身の実存に等しいフェミニズム思想の延長線上に志されたものだったが、その過剰な思い入れが逆に、学としての客観的歴史的事実を歪曲することにつながった可能性は十分ありうる。
既に第二章で藤村新一の旧石器捏造事件を紹介した。藤村も在野の考古学者だった。在野研究者は学術機関に属さない。それ故、専門家のチェックなしに成果を公開していく。お墨付きを拒否し、独自のスタイルで学問をつづけようとするその態度に在野の大きな可能性があることは確かだ。けれども、反面、監視の眼が入らないその空間は、勝手な捏造や放言に支配されてしまう危険性と常に隣り合わせで成立している。

在野研究の心得その一五、在野では独断が先行しやすい。何度か繰り返された高群批判は、大学以外の学的コミュニティをいかに構築するか、また業績を批判的にチェックしてくれるアドバイザーをどのように調達するのか、という学問と制度をめぐる大きな問題を提起している。

少なくとも、在野研究者ならば誰であれ、高群の業績の一部は他山の石として受け止めなければならない。

【引用文献番号】

01…高群逸枝『恋愛創生』、万世閣、一九二六。
02…高群逸枝『火の国の女の日記』上巻、講談社文庫、一九七四。初版は理想社、一九六五。
03…高群逸枝『女教員解放論』、自由社、一九三一。
04…高群逸枝『火の国の女の日記』下巻、講談社文庫、一九七四。初版は理想社、一九六五。

05…谷川健一「男と女・女と男――「女性史」の周辺」、『谷川健一全集』第二一巻収、冨山房インターナショナル、二〇一一。初出は『月刊百科』、一九七二・一。

06…丹野さきら『高群逸枝の夢』、藤原書店、二〇〇九。

07…西川祐子『森の家の巫女高群逸枝』、新潮社、一九八二。

08…栗原弘『高群逸枝の婚姻女性史像の研究』、高科書店、一九九四。


【引用しなかった参考文献】

・鹿野政直＋堀場清子『高群逸枝』、朝日新聞社、一九七七。
・堀場清子『高群逸枝の生涯――年譜と著作』、ドメス出版、二〇〇九。

大器晩成ス

吉野裕子（よしの・ひろこ　1916-2008）旧姓赤池。民俗学者。50歳頃、習っていた日本舞踊の扇に関心を持ち、独学で調査を始める。以降、日本の蛇信仰や中国の陰陽五行思想の受容などを研究する。民俗学に性の観点を積極的に取り入れる。主著に『扇』、『陰陽五行思想からみた日本の祭』、『蛇』など。

吉野裕子略年譜

1916 10月5日、東京にて赤池濃の三女として誕生。
1919 父の赴任に伴い朝鮮半島へ。3年後に帰国。
1936 女子学習院高等科卒業。
1939 吉野英二と結婚。
1947 津田塾大学英文学科入学。
1952 津田塾大学英文科卒業。
1954 この年から3年ほど学習院女子部教諭をつとめる。
1963 日本舞踊を習い始める。
1970 初めての著書『扇――「性」と古代信仰の秘密を物語る「扇」の謎』（学生社）を刊行。
1975 『隠された神々――古代信仰と陰陽五行』（講談社）を刊行。
1976 学習院女子短期大学非常勤講師になる。
1977 東京教育大学文学部から文学博士号を授与。博論『陰陽五行思想からみた日本の祭――伊勢神宮祭祀・大嘗祭を中心として』（弘文堂）を翌年出版。
1979 『蛇――日本の蛇信仰』（法政大学出版局）を刊行。
1982 『日本人の死生観――蛇信仰の視座から』（講談社）を刊行。
1987 『大嘗祭――天皇即位式の構造』（弘文堂）を刊行。上海復旦大学、上海大学より招聘され、講義。
1990 『神々の誕生――易・五行と日本の神々』（岩波書店）を刊行。
1994 『十二支――易・五行と日本の民俗』（人文書院）を刊行。
2005 夫の吉野英二が死去。『古代日本の女性天皇』（人文書院）を刊行。
2007 『吉野裕子全集』全12巻（人文書院）が刊行開始。
2008 4月18日、死去。享年、91歳。

高群につづいて注目すべき女性研究者は、民俗学者の吉野裕子である。吉野は愛と真実の探求に燃え上がった高群と違って、わりあい普通の結婚をし、主婦をしながら学問を志した女性だった。

ただ、見逃してはならないのが、どちらも研究の出発は中年期に入ってからだということだ。大器晩成型の研究者である。評論家として活躍していた高群が〈森の家〉生活に入って本格的に（そして初めて）歴史学を学ぼうとしたのが三七歳のとき。対して、吉野が民俗学へのとば口となった舞踊の道具である扇に興味をもって研究し始めたのが、なんと四〇代後半になってからである。

そこから吉野は、著書を多数執筆し、最終的には文学の博士号まで取得するに至る。研究するのに年齢制限など存在しない。それが何歳であったとしても、やりたくなったらやりたいだけやればいい。吉野の大器晩成の道のりは、いまも多くの研究者たちを激励し、奮い立たせるような勇気を与えてくれる。

大学進学志望を諦める

吉野裕子の父、赤池濃《あかいけあつし》は一九一九年の朝鮮半島の独立宣言による万歳運動（三・一運動とも呼ばれる）を鎮静化させようと日本から派遣された官吏だった。当時五歳だった吉野は、朝鮮にある倭城台という日本人居住区に住んでいたが、そこには小学校がなかった。

吉野が学校に通うようになったのは、帰国後、関東大震災で焼け残った女子学習院が初めてで、吉野は通算一三年半（四・四・三年制で一一年、これに高等科二年）も在籍することになる。目の悪かった吉野は黒板を見て答える数学の授業は不得意で、逆に、音読など耳で学ぶことができる国語が得意だったそうだ。

一三年学校に通っても未だ勉学の意志衰えず、吉野は進学を希望していた。卒業後も三年ほどは東京教育大学の聴講生として独学をつづけている。当時の学習院は男子ならば無試験で学習院大学進学を許されたが、女子には認められていなかった。

「高等科を卒業すると満で21ぐらいかな。その後やっぱりもっと勉強したくてね。文部省検定試験受けたいっていったの。そのために、もっと勉強したいからって、今の筑波大学の前身、東京教育大の聴講生になった。そこで足かけ2年、正味1年ですけど、国文科の聴講生だったの」[01/33]

在野研究の心得その一六、聴講生制度を活用しよう。たとえ正式に所属せずとも大学によっては聴講生制度を使えば、教授たちの授業を受けることができる。いや、ここだけの話、特別な手続きなどを踏まず完全なるモグリであっても授業から追い出されることはほとんどないだろう。多くの大学教授は単位目当てのやる気のない大学生より、やる気のあるモグリ学生を歓迎する。〈みえない大学〉を提唱し、ゲリラ学問の術を説いた浅羽《あさば》通明《みちあき》の名著、『ニセ学生マニュアル』（徳間書店、一九八八年）はいまも古びていない。

そんなモラトリアムのあと、吉野を待っていたのは当時一般的な女性の進路コースであった結婚だった。その選択肢は特に兄から強く勧められており、そして大阪商船に勤めていた吉野英二との結婚を決めることにした。

吉野英二が魅力的だったのは、商船に勤めているのだから、もしかしたら外国で生活できるかもしれない、という不純な動機があったからだ。が、当然、太平洋戦争の勃発によって、海外生活など夢のまた夢の話となる。新婚夫婦は横浜の地で新たに居を構えた。吉野は主婦のかたわら、図書館通いの日々を送る。

「横浜の図書館ね、あそこ山の上の、野毛山か、あそこの図書館、ずいぶん使わせていただきました。学習院ってとこは、とっても偉い先生がいらしてくださるんですけど、たとえば、漢文だって、読み方をひとつひとつ教えていただくわけじゃないのね。〔中略〕やっぱり、図書館へいってそういう基本的な書を借り出して……」〔01/35〕

住まいの山の下から、山の上の図書館まで、坂道を自転車で登り降りする生活が、吉野の通学時間となった。ちなみに、結婚後まもなく、買い出しに行ったある日、吉野はバナナの皮にすべって転び、高群と同じく、それで逆子を流産してしまった。母体は無事だったものの、それから子供には恵まれなかった。

アラサー女子大生

そんな結婚生活のなか、夫が結核を発病し、自身も肋膜炎（胸膜炎）になる。これをきっかけに、夫は大阪商船をやめ、吉野の父親が斡旋した軍需会社で働こうとするが、終戦によって雇用がなくなってしまう。加えて、父親も大阪駅で事故死し、途端に吉野家は貧窮状態におちいる。

落ち切った夫婦は東京は田無の農家の納屋を借りて、心機一転、生活を再始動させる。けれども、不幸中の幸いとは正にこのことか、吉野はそこで再び学問に接近するチャンスを得る。直接のきっかけとなったのは、納屋を整理していたら出てきた古新聞だ。

「そこで津田の広告を見たわけ。戦争中、学徒動員で勉強してない人たちのために、来年度の試験のために、小さい塾をこしらえるからって広告があったの。わたしたち当時貧乏で、ろくに新聞もとってなかったんですけど、古新聞でそれを見て、田無から津田の本校がわりに近いもので行ってみたんです」［01/60-61］

こうして津田塾大学で英文学を学ぶ三〇歳女子大学生が誕生した。英語を選んだのは、楽しみのためではなく、職につながるような技能を求めていたからだ。これが縁になって、吉野はトマス・ハーディの文学に魅せられた。卒論はハーディで書いている。

今日ならば社会人入学も一般化してきており、中年から高年齢の大学生が一学年に複数人いることは珍しくない。しかし、当時はまだそのような時代ではなかった。周りの学生は吉野よりも当然一回り年下で、先生のなかには今でいうセクハラないしアカハラに相当する揶揄をする者もいたという。

アラフィフ扇研究者へ

津田塾大学卒業後、吉野は母校の学習院で英語の教師をつとめる。しかし元々英語が好きなわけでも教職が好きなわけでもなかったために、三年程でやめてしまう。その頃になると夫の仕事も軌道に乗ってきていた。

暇になった吉野は近所の人に誘われ、地唄舞を始める。しかし、この偶然がきっかけとなって、舞の道具である扇に対して関心をもち、処女作『扇』につながる民俗学的研究を始めることになった。

「流儀によっていくらか相違があるかもしれないが、日本舞踊の入門作法は、まず束修（入門料）が納められると、師匠からその流儀の舞扇がこの新入りの弟子に贈られる。師弟のつながりがそれでできるのである」［02/33］

扇は何よりも師弟のつながりを証し、あらゆるものを表現できる日本舞踊のキモだった。しかし、吉野はそれ以上に日本芸能一般で扇が果たす役割の重さに自覚的になっていく。

「考えてみると扇が日本人の生活の中にとけ込んでいるのは舞踊の世界ばかりではない。

能、落語、講談、声色、日本の芸能は達人であれば背景も道具立てもいらない。扇さえあればことたりる。扇に芸がプラスされればそれだけでどんなものでも、情景でも、気分でも表現できるのである」[02/35]

しかし、単なる興味だけで研究は始まらなかった。ある結婚式の披露宴で、吉野はかつて授業を聴講したことのある柳田国男派の民俗学者の和歌森太郎に偶然出会う。そこで、扇に関する先行研究について質問してみると、皆無だという返事が返ってきたのだ。

天啓とはまさにこのこと。こりゃあ、自分がやるっきゃない！「それはしいていえば、日本文化のなかの、ある分野では少くとも一方の頭とさえ思われる扇に対する扱いとして余りにもお粗末すぎる、という義憤のようなものであった」[02/38]。こうして吉野は未開拓の領域の先陣を切ることを決意する。

『扇』のなかで吉野は「萎縮と思い上りとでは、どちらが初学者にとって有害かといえば萎縮の方だろう」[02/39]と書いている。というのも、先行研究の完成度を目の前にし、それ以上何を付け足せばいいのかという萎縮を感じる初学者は「先学のしいたレールの上から外れないよう、その上を走って幸いにして何かがなしとげられたらそれでいいという消極的な考え」[02/39]に落ち着いてしまい、創造的な研究をすることができなくなるからだ。

在野研究の心得その一七、未開拓の研究テーマを率先してやるべし。どんな分野であれマイナーすぎて誰も手をつけていない未開拓の領域というものがある。それを第一に研究し発表することができれば、（多少の粗さがあったとしても）そこでのパイオニアになることができる。そうなってしまえば大学人でさえその周辺に言及するさいは、第一の成果を無視することはできない。誰もやってないことをやったというだけで、その仕事は重宝されやすい。独創的研究が成功するひとつの方法だ。

性のタブーを突破する

吉野民俗学の特徴のひとつは性的メタファーによって、伝統的な事象を解釈することにある。事実、処女作『扇』では、扇は蒲葵《ビロウ》に似ており、蒲葵は男根に似ているのではないか、という話から始まっていく。吉野がよく使う言葉でいえば日本文化は〈見立て〉や〈擬《もど》き〉というのが好きなのだ。ここには、柳田民俗学への対抗心があった。

「柳田国男さんは、神は祭場に立てられた高い木を目印に降りてくる、それが神迎え、依《より》代《しろ》であると言われましたが、それは違うと私は思いました。人間が生まれた同じいきさつで神も誕生し、神迎えができる。とすれば、そこにはまず「性」があるわけでしょう。和歌森さんに「私が考えているのはセクシーなんですよ」と言ったら、「エロは日本の民俗学ではタブーだ」とおっしゃったので、びっくりしました。今からは考えられないことですが、三十年前はそんな状態でした」［03/97］

柳田民俗学の性へのタブーを、素人の吉野は元々知らなかった。そんな素人の発想を学説として証明しようと、自分の説を数々の著書で繰り返し主張した吉野は、それが「日本民俗学における性の認識欠如に対する反抗であり、戦い」[04/2]だったとさえ述べている。

　これに加えて、柳田国男に足らないと吉野が思っていたのが、古代中国哲学であった。これが、後の陰陽五行思想への関心につながり、吉野の仕事は性と五行の二本柱で構築されることになる。

アラ還の文学博士

『扇』以降、吉野はコンスタントに著作を発表しつづけた。本を書くなかで、吉野はよりアカデミックな論文の形式も学んでいったようだ。後年の著作からみると処女作『扇』は旅行記のような印象を与える。またそれに伴い、主に和歌森が縁故となって風俗史学会に入会し、学会発表などもこなした。そして、一九七七年、六〇歳になる吉野は、『陰陽五行思想からみた日本の祭』を東京教育大学の博論として提出し、みごと文学博士の学位を取得する。還暦博士の誕生だ。

　在野で孤独な研究をつづける彼女に学位を取得することを勧めたのは、風俗史学会の副会長をしていた香道家の三条西《さんじょうにし》公正《きんおさ》だった。

「或る時、副会長が突然、私に示唆された。「今迄の論考を学位論文にしては如何か」、と。それは本当に思いがけないことだった。三条西先生は御家流香道御宗家、公卿の中でも高い家格を誇る名門の御当主である。組香研究で既に学位を取得されていた先生は、更に言葉を継ぎ、「取っておいてけっして余計なものではない。早く今のうちに……」としきりにすすめて下さる。女で晩学、師もなく弟子もなく学閥など皆無のいわば学界での天涯孤独、零の集積の私の前途を予測されてのことだったのか」〔05/2-3〕

果たして学位取得が吉野の学究生活に有意義な何かをもたらしたのかどうかは定かでない。吉野は別に大学の教授になったわけではなかったからだ。しかし、ひとつ注目していいのは、吉野には師匠も弟子もいず、大学的共同体にも親しんでいなかったにもかかわらず、人文書院から個人全集が出ているということだ。

このようなことは異例中の異例であるようにみえる。大学教授であっても、相当な業績を残さない限り、全集が残されることはまずない。細かい事情を知る術はないが、博士についていえば、やはり「取っておいてけして余計なものではない」くらいの効果はあったと考えるべきだろう。

在野研究の心得その一八、論文博士を目指そう。博士号を取得するには二通りの道がある。ひとつは大学院の博士課程に入り、学位審査に合格して授与される課程博士。もうひとつは大学に在籍しないで審査だけをパスすることでもらえる論文博士。たとえ在野であったとしても博士号を得ることは決して不可能ではないのだ。

有意義な「出会い」のために

「私の過去はすべてが研究に直接間接に結びつく出会いの連続だった。そうした出会いを重ねて今日に至ったことを今、心から幸せと思う。遅い出発、必ずしも遅くはなかったのである」［06/409］

吉野の生を反省してみると、確かに様々な「出会い」が彼女の研究生活を支えてきたように思う。しかし、それは単に運がいいということを意味しない。というのも、吉野の長期間持続する研究意識が「出会い」を有意義なものに変えているからだ。

五三歳のときの『扇』出版は三重県の伊雑宮《いざわのみや》の禰宜《ねぎ》（神職の名称）であった桜井勝之進と出会い、彼に扇論の構想を話したことが機縁となって決まった。それは、吉野自身が独自に思索を深め、それを桜井に話していなければ決して実現しなかったことだろう。博論に関しても、それに先行する在野での研究蓄積があることが不可欠だった。

普通に考えて、吉野は研究者として大きく出遅れている。しかし、五〇代から著作を始めた彼女の著書は、二〇冊を超え、そのうちの数冊は文庫となっていまでも読みやすい形で本屋に並んでいる。吉野が教えてくれるのは、研究の始まりの勢い以上に、あるテーマに関する興味をもちつづけ、地道な調査をやりつづける、その持続力の重要性だ。

在野研究の心得その一九、研究は細く長くつづけること。早く研究を始めたとしても、同じく早期に挫折してしまえば、チャンスをものにすることはできないだろう。いつ始めたか、ではなく、いつまでやるか。持続が長ければ長いほど、「出会い」を有意義なものにできる確率は高まる。「出会い」のチャンスを、単なるすれ違いに終わらせてはいけない。

たとえ十分な研究時間が確保されずとも、牛歩のペースであれ持続的に前進することが充実した研究を残す秘訣となる。おそらく、これは多くの在野研究者が身につけていい基本的なアチチュードであるように思える。


【引用文献番号】


01…吉野裕子「吉野裕子の世界はいかにして生まれたか」(インタビュー)、『ビオストーリー』、二〇〇五・一一。

02…吉野裕子『扇――「性」と古代信仰の秘密を物語る「扇」の謎』、学生社、一九七〇。

03…吉野裕子「古代日本人の死生観――日本原始信仰と陰陽五行からみる」(インタビュー)、『部落解放』、二〇〇〇・六。

04…吉野裕子「全集第二巻刊行に寄せて」、『吉野裕子全集』第二巻収、人文書院、二〇〇七。

05…吉野裕子「私が負う二つの恩義と本書」、『吉野裕子全集』第三巻収、人文書院、二〇〇七。

06…吉野裕子「私の歩んだ道」、『吉野裕子全集』第一二巻収、人文書院、二〇〇八。初出は『扇――性と古代信仰』、人文書院、一九八四。

第四章

自前メディアを立ち上げる

自前のメディアで言論を

大槻憲二（おおつき・けんじ　1891-1977）精神分析学者。文芸評論から出発し、昭和初期にフロイトの翻訳と精神分析に関する論文執筆を盛んに行う。日本初の精神分析専門誌である『精神分析』を主宰。また、日本初の専門的辞典である『精神分析心理学辞典』を刊行。主著は『精神分析概論』。著書多数。

大槻憲二略年譜

1891　11月2日、兵庫県淡路島の洲本市にて誕生。中学時代に神経症にかかる。

1910　東京美術学校入学のために上京。西洋画を志望。

1914　美術学校を中退し、早稲田大学英文科に入学。

1918　運輸局旅客課・東亜案内に属官として勤務。この間にドイツ語の勉強をする。

1923　翻訳書、モリス『芸術の恐怖』（小西書店）を刊行。

1924　関口岐美と結婚。長男貞一誕生。官吏の職を辞し、文筆業に入る。

1928　矢部八重吉、長谷川誠也らと東京精神分析学研究所を創設。

1929　春陽堂『フロイド精神分析学全集』の翻訳が始まる。翻訳、『夢の註釈』を刊行。

1930　翻訳、フロイト『日常生活の精神分析』を刊行。

1932　『精神分析概論』（雄文閣）を刊行。

1933　雑誌『精神分析』創刊。

1936　『精神分析読本』（岡倉書房）、『精神分析社会円満生活法』（人生創造社）を刊行。

1940　『精神分析性格改造法』（東京精神分析学研究所出版部）を刊行。

1942　『精神分析社会生活』（人生創造社）、『勝利者の道徳』（東京精神分析学研究所出版部）、『国語の心理』（育英書院）、『映画創作鑑賞の心理』（昭和書房）を刊行。

1945　栃木県那須野に単身疎開、つづいて妻も疎開。那須野に定住。

1947　『善悪の研究』（東京精神分析学研究所出版部）、『女性の愛情』（コバルト社）、『現代犯罪心理の分析』（さくら書房）を刊行。

1951　日本初の精神分析辞典、『精神分析心理学辞典』（岩崎書店）を刊行。

1952　東北大学医学部にて精神分析に関する研究発表を行う。

1957　『性教育無用論――寝ている子は寝かせておけ』（黎明書房）を刊行。

1961　辞典の改訂版である『精神分析学辞典』、『私は精神分析で救われた』（東京精神分析学研究所三紀年記念行事の会編、育文社）を刊行。

1968　『続・私は精神分析で救われた』（東京精神分析学研究所編、育文社）を刊行。

1977　2月23日、死去。享年、86歳。

1978　『人間はどこまで正気か――続「人間学入門」自然治癒力の開発』（育文社）が刊行。

1984　『民俗文化の精神分析』（堺屋図書）、『全人類への訴え――世界平和のために』（大槻憲二遺選集刊行会）が刊行。

高群逸枝に関して書き忘れていたことがある。彼女は評論家時代に、ポスト『青鞜《せいとう》』として一九三〇年に創刊されたフェミニズム&アナーキズム系雑誌『婦人戦線』の主宰として活躍していた。といっても、高群自身の言葉によれば「Kのすすめもあり、四囲の状勢からも要請されるはめになって承諾せざるを得なかった」〔01/395〕、といった受動的な態度での参加だったようであるが。

左翼からパージされた三浦つとむがそうであったように、どんなメディア（発表媒体）で自分の研究を発表していくのかという問題は在野研究者にとって決して看過できない重要なポイントだ。

大学に属したことがなければ大学紀要には書けないし、学会誌に書くにしても、いくつか乗り越えなければならないハードルがある。入会に必要な推薦人を揃えることができるのか、また毎年の学会費の支払いを怠ってはならない、等々。在野にとって権威あるメディアへの投稿は一筋縄ではいかない。

たとえ無事に入会できたとしてもそれで論文を発表できるかといえば、そうではない。多くの場合、専門誌への投稿には査読が課され、複数人の専門家によって掲載可の評価をもらわない限り成果を公のものにすることはできない。

しかし、これが難儀だ。京都大学の理学博士を取得して以降、在野で海洋生態学を研究し、その成果を『浅海生物相の長期変動——紀州田辺湾の自然史』（南紀沿岸生態研究室、二〇一〇年）にまとめた大垣俊一は「雑誌の reviewer はどうあるべきか」〔02〕という文章で問題提起をしている。密室的な審査ゆえ、編集者・査読者・投稿者の三角形すべてが納得するような制度の組み立ては中々難しい。
であるならば、わざわざ煩雑な既存の媒体に頼らずとも、自分自身で新しいメディアをつくり、そこから研究の成果を発信してしまえばいいではないか。こう発想することは決して荒唐無稽な話ではないだろう。

在野研究の心得その二〇、発表に困ったときは自分でメディアをつくってみる。とりわけ、インターネットの普及以降、ある研究成果や調べたデータを公開すること自体の障壁は限りなくゼロに近づいている。ましてFacebookやTwitterなどのSNSの普及により、〈自分の〉メディアを得ること自体が誰にでもできるようになった。その上で、自分の公開した調査や仮説に対して、人々にどう関心をもってもらうか、どう意見交換や交流の場を設定すればいいのか、という媒体の編集者的視点まで行けば、立派な自前メディア研究者まであと一歩だ。

高群の場合、それは積極的には行われなかったようであるが、発表媒体の開拓と同時に研究発表をつづけた者は決して少なくない。精神分析学者の大槻憲二などはその典型である。

フロイト受容に尽力す

「私の説はほとんど顧みられることがなかった。嘲笑家アナトール・フランスの言い草ではないが「学者は好奇心を持たない」。学問にも復讐というものがあっていいのなら、私のほうでもこの書物の初版以来世に出た文献を無視して差支えなかろう。学術雑誌に掲載されたわずかばかりの批評を見ても、それらは私の所説に対する無理解と誤解に充ちみちていて、それら批評家諸君に対しては、もう一度この本を読んでみてくれというよりほかは何とも答えようがないくらいなのである。ひょっとしたら、こう要求しても差支えないのかもしれない、「一度は読みたまえ」と」〔03/121-122〕

「一度は読みたまえ」、人生で一度は言ってみたい台詞である。

フロイトの言葉に逆って、精神分析が学問であるか、また科学であるかどうかは知らない。しかし、西洋思想史を学ぶとき、無意識という未知なる領域の発見を避けては通ることはできない。少なくとも精神分析は、心理学史の巨大トピックであることは間違いない。

そんなフロイト受容〔翻訳や紹介〕に一役買ったのが、大槻憲二である。日本におけるフロイト受容自体は既に大正期から始まっており、実際、明治期における自然主義文学の評論で有名な長谷川天溪はフロイトにも興味を示し、早稲田大学の授業で精神分析を取り扱った。そして、その授業を大槻は受講していたのだ。

大槻の大きな業績は、第一に昭和初期のフロイト全集の翻訳〔春陽社とアルス社の二社があったが、大槻が担当したのは前者〕をかなりのかず手がけたこと。第二に東京精神分析学研究所を創設し、雑誌『精神分析』を創刊したこと。そして第三に、日本初の精神分析の辞典であるところの『精神分析心理学辞典』を出版したこと。以上三点だ。

これらの歴史的に意義深い仕事を在野の知識人が成し遂げたことは現在、完全に忘却されている。

考えてみれば精神分析学とは、元来、在野の学問であった。ユダヤ人（アシュケナジ）であることを理由にウィーン大学の教授から研究職に対する絶望を言い渡されたフロイトは、当時流行していたヒステリーの治療に取り組む一人の精神科医として開業する。精神分析の手法はその過程で編み出されたものだった。

大槻はそのようなフロイトの衣鉢を継いで、生涯、大学に所属せず著述家としてその生をまっとうした。フロイトでさえ四〇代後半の一九〇二年には員外教授となり、一九〇九年には博士号をもらっていたが、この日本の精神分析学者は、その在野精神をフロイト以上に継承したのだ。

大学教師を諦めてから

彼の幼少期から青年期までのことは、大槻が還暦を迎えたさいに非売品として出版された『大槻先生還暦記念帖』（東京精神分析研究所、一九五一年）のうちの「精神分析的自伝」で本人が説明してくれている。

憲法発布の翌年次男として生まれたから憲二と名づけられたこと、大きな家に住み「ナルチスムス」[04/13]、つまり自己愛が膨れ上がったこと、そして、中学時代から大学卒業までつづく神経症のためにずいぶん悩まされたこと。この神経症がのちのちフロイトへの興味に結びつくきっかけになるが、ただし大槻は最初から精神分析に興味をもっていたわけではなかった。

「大学に残つて講師になりたい願望はあつたが、自分のやうな赤面癖と対人恐怖のある神経症者が教壇に立つことは以ての外であるといふ躊躇もあつた。恐らくは教授の間にも私の学才を認めて講師にしようと云ふ説をなすものもゐたかも知れぬが、私の神経症的性格への反感がそれを妨げたものと思はれる。私は大学の講師にならなかつたことを或る意味では残念に思ひ、また別の意味では幸と思つてゐる。もし卒業と同時に大学の教師になつてゐたら、恐らくはたゞの一英文学教師で生涯を終つたであらう。さうすれば、日本の精神分析学界は一人の適材を得損つたであらう」[04/29-30]

なんと凄まじい自信なのか、といったたぐいのツッコミは、大槻の場合には際限がないのでやめておこう。彼の「ナルチスムス」を舐めちゃいけない。ともかく大槻の教師願望は、しかし持病と化していた神経症のために、挫折を強いられる。

しかし、その挫折の行き着く先がまさに在野精神分析学研究の道に通じていた。

ウィリアム・モリス研究からの出発

大槻は「一英文学教師」と書いていた。最初からフロイト研究に取り組んでいたわけではない。彼が出発点としたのは一九世紀のイギリスの思想家であるウィリアム・モリスであり、英米系の文学だった。

大槻のモリスへの傾倒は徹底しており、モリス研究会を立ち上げ、モリス生誕百年の記念（一九三四年）として丸善書店での展覧会を企画した。なにより、彼が一番最初に出した本は、モリスの講演集の翻訳『芸術の恐怖』であった。

そもそも、早稲田大学在学中に評論「夏目漱石論」や小説「夜霧」などを書き、大槻はその文学的才能を早くに示していた。曾根博義「『精神分析』創刊まで」[05]によれば、『社会思想家としてのラスキンとモリス』の著者である大熊信行とも論争した。で、無残にも敗北した。

精神分析への関心が前景化してくるのは、モリスを中心にした文芸評論家時代の後でのことだ。早稲田を卒業と同時に父親が亡くなり、鉄道省運輸局旅客課に就職したさい、大槻は労働心理の調査をしていた矢部八重吉と出会って、授業で学んでいた精神分析の重要性を改めて自覚する。

大槻が勤めた鉄道省の就職先は、東亜（中国、朝鮮、日本）案内を任されており、しばしば外国との英文通信の仕事を請け負うことになった。これにより大槻は自身の英語力を磨いていった。また、役所の上司であった種田虎雄からの特別の寵愛を受けていた彼は、毎日出勤する必要がなく（いいなァ）、この暇を活かしてドイツ語をマスターすることができた。フロイトの翻訳はこうして勤めながら得た外国語能力によって成し遂げられたのだ。

ちなみに、大槻はフロイトと直接書簡のやりとりをしている。妻の岐美が回想するところによれば、「フロイト先生は、こっちが英文で手紙を書きますと英文で返事がくる、ドイツ語で手紙を書きますとドイツ文で返事を下すった」〔06/41〕そうで、フロイト研究の資料としても大槻の名は見逃せない。

精神分析と民俗学

フロイトの翻訳を経、四二歳になる大槻は東京精神分析学研究所を創設し、専門誌『精神分析』を創刊する。創刊のためのカネは父の遺産を頼りにした。「始めは四百部位しか刷らなかつたのだが、後には千百部ほど刷るやうになつた」〔04/46〕。ちなみに、この研究所は出版部を設け大槻の数多くの著作を刊行することになる。

『精神分析』創刊号の巻頭には大槻の「我が国の文明と精神分析」が載っている。大正期に輸入された既存の精神分析研究者たちの欠点を挙げ、我こそ真にフロイトを受け継ぐ者であると宣言した声明文だが、興味深いことに、ここで大槻は、精神分析は医学の知識よりもより広範な学問分野に関係している、と主張する。

「医学の知識は必要ではあるが、この方面の知識は、他の諸々の精神科学上の知識と共に、必要なれども未だ十分ならざる知識であつて『必要にして且つ十分なる』知識では、決してないのである。〔中略〕精神分析にとつては、医学の知識は相対的重要さを要求し得べきものであつて、それは民俗学の知識、夢の知識、伝説、神話、文芸学の知識などゝ並行して必要とせらるゝ知識である」[07/6]

大槻にとって精神分析とは医学の一部門ではなく、多領域に跨るインターディシプリナリーな学であった。その領域の第一例に「民俗学」が登場していることは注目していい。というのも、大槻は一時、柳田国男に師事していたことがあったからだ。

「私もまだ若かった頃に柳田先生に師事したこともあったが、私が民俗学に興味を持ったのは精神分析学を通じてであって、従って私は同先生が「手をつけないで残した空白の部分に取組む姿勢を見せ」たから、先生は私をあまり歓迎しなくなったらしい」[08/195]

大槻にとって精神分析は民俗学のような民間学問の仲間である。実際、精神分析を武器にした大槻の様々な評論活動は、ジェンダー問題や政治問題など固いテーマは当然のこと、文学作品や漫画やおとぎ話など、一般市民が何気なく消費している物語についての考察にまで及ぶ。庶民に密着した民俗学的知性を発揮することで、それら文化現象が読み解かれるのだ。

在野研究の心得その二一、在野に向き不向きの学問がある。すでに明らかなように、民俗学や考古学など、分析対象が大学の外にあり歴史的にも独立系研究者が活躍してきた学問分野は、比較的在野での研究に向いている。逆に大規模な（あるいは精密な）実験器具を必要とする理系の学問は一人で準備するには難しいといえるだろう。

「大学を自らおん出てから自由の言論をなすべし」

このように、元来在野的に成立していた精神分析は、民俗学と並ぶかたちで大槻にとっては民間的な学として理解されていた。ここから彼独自の在野意識、つまり反官の意識が育まれていった。

「国家の経営する大学の教授たるものは国家の官吏であることは勿論だ。その官吏が国家の意志に反する言論を公にすることの自由を主張するなどは、盗賊の子供の正直論や、乞食の子分の独立自尊論と同様、誠に噴飯事ではないか。〔中略〕一人前の頭のある人間なら、先ず大学を自らおん出てから自由の言論をなすべし」〔09/89〕

大槻は基本的に保守に分類される価値観をもっている。マルクス主義には批判的であり、伝統的な家族制度には好意的であり、戦後にできた憲法九条には破棄を求めた。たとえば戦時中に出版した『神経戦対策』では「病気治療としての大東亜戦争」という章を設け、「西洋文明の病毒」〔10/63〕から日本を救うために戦いに勝利せよ、といういま読むとなかなか頭のイタイ主張を展開している。

それ故、大槻が国立大学の教官に自由な言論を認めなかったことも一見当然であるようにみえる。

しかし、大槻は自由な言論そのものを認めていなかったわけではなかった。官吏を辞職して文筆業に入った大槻にとって、国家に飯を食わせてもらいつつ国家に批判的な意見を表明することの矛盾こそ、批判されるべき欺瞞であったのだ。

たとえば、京大事件。一九三三年五月、京都帝国大学法学部の滝川幸辰教授が行った講演が無政府主義的だとされ、滝川の休職処分が決定された事件に同情を示しつつも、大槻にとって学問の道と官吏の道は決して交わらない。そして、交わるべきでもない。

「学問への純粋な熱情と完全（可能な限りで）な自由を要求するものは、官学の教授とはならない筈であるが、その他不純なさまぐな利益があるので、学徒にとつてもこれは大きな誘惑となつてゐる。極端な言ひ方をすれば、一切の官学徒は曲学阿世者となるべき勇気あるものでなければなつてはならない」［11/79］

技術的学問と指導的学問

全国の教官を激怒させるような気炎はまだまだつづく。国立大学における文系学問不要論などは彼一流のキレキレの挑発だといっていい。

「官学の畑には結局、技術的学問が最も適当してゐるのだ。医学、薬学、物理学、化学、工学、機械学、電気学などをやつてゐる分には、如何にその学問的分野内で独創力を発揮しても官吏としての職業的地位に牴触しないであらう。併し哲学、文学、心理学、社会学、法学などの方面であまり独創を発揮することは危険である」［11/79-80］

「技術的学問」、いわゆる理系に対して、いわゆる文系を大槻は「指導的学問」と呼ぶ。そして、それら学問は政治家や役人を指導する特別な役割を負うべきだと主張する。文系の「学問自体は常に実践ではない、批評である。為政者は常に廟堂にあつて実践し、学者は常に野にあつて批評（指導）してゐればよい」〔11/80〕。

福沢諭吉の名著『学問のすゝめ』でいう「学問」とは、実学、つまりは実生活で役立つ知識や実証的な科学のことを指した。だから「学問とは、ただむづかしき字を知り、解し難き古文を読み、和歌を楽しみ、詩を作るなど、世上に実のなき文学をいふにあらず」〔12/19〕と、非実学（＝虚学）を福沢は「学問」から排除する。このような、実学こそ本質的に実践的な学、との考え方は今日でもしばしば実業界などにみられるものだ。

けれども大槻の文系不要論は、このような実学志向と似て非なるものだ。文系学問は重要でないから国立大学から追い出す、というのではない。あまりに重要であるがために、大学に飼い慣らされてはならず、在野にこそ居場所を求めねばならないのだ。国や多くの人びとを導いてきたような過去の偉大な学者は「叛逆者」であり、「かゝる叛逆者は官学の畑から出てはならないし、また出もしない」〔11/80〕。

大槻は日本の民衆がもっている官学への妄想的な帰依を、精神分析でいうエディプス・コンプレックスになぞらえている。民衆たちは息子であり、対して官学は母を所有している絶対的な父親である、というわけだ。しかし、そんなものは妄想にすぎない。

だからこそ、「理論的指導的の学問は、文科系統の学問は、私学又は民間に移すべきものだ。やはり野に置く蓮華草だ」、「官学徒よ、自由の天地に還れ！」〔11/82〕ということになる。こういった過激で自由な言論もまた彼が自前のメディアをつくり上げたことで初めて世に問うことのできたものといえよう。

勝手に精神分析実践

在野で生きる大槻の収入源は、第一に著述活動であり、そして第二に精神分析を用いて患者の相談に乗る医療（？）行為であったようにみえる。大槻は郵便を用いて全国の患者と連絡をとり、彼らの心の症状の改善に努めた。その成果は『私は精神分析で救われた』と『続・私は精神分析で救われた』という極めてアヤシイ謝恩文集に記されている。ある者はこう述べる。

「わが大槻憲二師は真の意味に於いてフロイドの学説を正しく受け継がれ、更にこれを真実正しい方向に発展せしめ、フロイドが久しく望み、且つ努力して遂に到達出来なかった二元的一元論――保存、安定両傾向間の拮抗調和（分裂可能）説――を以て宇宙万物、森羅万象に共通する存在（生活）原理を確立せられたのであります」〔13/313〕

正直、宗教臭くてドン引きなのだが、しかし大槻自身は宗教に対して一貫して距離を置いていた。大槻はアメリカの精神分析学者、ルイス・ポール（Louis Paul）の「精神分析者の心得九条」を引きながら、「分析者が宗教教祖のように、患者の模倣、同一化の対象となっていい気になってはならない」ことを説いている[14/155-156]。

この規則を守るため、大槻は患者からきちんと代金をとることを大事としている。料金をとることで、分析者と患者という立場が明確になるからだ。

「分析のような精神指導に料金をとることは法律で禁ぜられていると威嚇して来るものもある。仮りに法律に禁ぜられているとしても、無料で奉仕せよと云う法律もない、と反駁してやれば黙ってしまうが、そう云う者は経済的に十分余裕のある家の者である。こう云うのを誠意のない患者と云うのであって、その無誠意に負けることは分析の妨げとなる」[14/164]

なんというか、屁理屈以外の何物でもないような応答にみえるが、ともかくも大槻は在野でヒステリー治療に尽力したフロイトにならうかのように、一人の民間医療者として活動した。メディアも独立し、医療行為も独立した。大槻の向かうところに敵はない。

トンデモに開き直る?

死後出版された『人間はどこまで正気か』のなかで、大槻は精神分析と在野との関係性を簡潔にまとめている。第一に精神分析は「根っからの民主的な学問」、第二に「事務的形式的なものでない」、第三に「大学や精神病院」のような大規模な商売にならない、第四に官学にはその適任者が皆無である[15/20]。以上である。

大槻が行っていたことの正当な評価を下すことは専門家ではないためできない。しかし、フロイトの翻訳や精神分析辞典の完成など、学問的に大きく貢献していることとは確かだ。たとえトンデモ感があったとしても、数ある仕事は後世からみたときに決して無視できない存在感をもっている。

「学者とはデータや事実をたゞ蒐集するだけではなく、更にその意味を発見して、新たな見解を立て組織化する独創力のある人を云ふのである。その意味で、大学教授と云ふものは大抵はその独創力を去勢せられてゐる」〔04/51〕

大学創立者や学部創設者には独創的な人が多い。だが、二代目になると「先輩の鼻息を伺つて地位にありつかうと思つて御殿女中式の苦労をして来た人々」〔04/51〕なので、独創力など全く認められない。大槻の最大の武器は在野で磨かれたこの独創力にあり、もしかするとトンデモという評価も彼にとってはひとつの栄誉なのかもしれない。

トンデモとは独創の別名なのか。「学問や芸術は常に平民的、在野的でなければならない。官僚的であつてはならない。その力は実質的、内容的でなければならない。形式的、地位的であつてはならない」〔11/81〕。少なくともこの言葉は胸に刻みたいもののひとつだ。

【引用文献番号】

01… 高群逸枝『火の国の女の日記』上巻、講談社文庫、一九七四。初版は理想社、一九六五。
02… 大垣俊一「雑誌のreviewerはどうあるべきか」、『Argonauta』、http://www.mus-nh.city.osaka.jp/iso/

argo/nl02/nl02-15-20.html。

03…フロイト『夢判断』上巻、高橋義孝訳、新潮文庫、一九六九。

04…大槻憲二「精神分析的自伝」、塚崎茂明編『大槻先生還暦記念帖』収、東京精神分析研究所、一九五一。

05…曾根博義「『精神分析』創刊まで——大槻憲二の前半生」、『復刻版　精神分析〈戦前篇〉』別冊収、不二出版、二〇〇八。

06…大槻岐美「動坂界隈の作家たち——大槻岐美さんインタビュー」、『早稲田大学図書館紀要』、二〇〇一・三。

07…大槻憲二「我が国の文明と精神分析——本誌創刊の辞に代へて」、『精神分析』、一九三三・五。

08…大槻憲二『民俗文化の精神分析』、堺屋図書、一九八四。

09…大槻憲二「編輯後記」、『精神分析』、一九三三・七。

10…大槻憲二『神経戦対策』、東京精神分析研究所出版部、一九四四。

11…大槻憲二「時評」、『精神分析』、一九三五・五&六。

12…福沢諭吉『学問のすゝめ』、伊藤正雄校注、講談社学術文庫、二〇〇六。初版は、一八八〇。

13…谷内正夫「あとがき」、東京精神分析学研究所編『続・私は精神分析で救われた』収、育文社、一九六八。

14…大槻憲二「精神分析者と患者」、東京精神分析学研究所編『続・私は精神分析で救われた』収、育文社、一九六八。

15… 大槻憲二『人間はどこまで正気か——続「人間学入門」自然治癒力の開発』、育文社、一九七八。

【引用しなかった参考文献】

・平山城児「「水晶幻想」前後——昭和初年代の日本におけるジョイス、フロイトの受容の実際についての一考察」、『英米文学』、立教大学文学部英文学研究室、一九七一・三。
・曾根博義「フロイトの紹介と影響——新心理主義成立の背景」、昭和文学研究会編『昭和文学の諸問題』収、笠間書院、一九七九。
・安齊順子「日本への精神分析の導入における大槻憲二の役割——雑誌「精神分析」とその協力者・矢部八重吉を中心に」、『明海大学教養論文集』、明海大学、二〇〇〇・一二。
・小田光雄「古本屋散策（二一）フロイトの邦訳と大槻憲二」、『日本古書通信』、二〇〇三・一二。
・勝俣好充「ウィリアム・モリスと大槻憲二」、『純心人文研究』、長崎純心大学、二〇一四。

評伝の天才

森銑三（もり・せんぞう　1895-1985）　書誌学者・人物研究家。近世を中心に膨大な量の資料を渉猟し、多彩な人物伝を著す。また戦後の井原西鶴研究では、『好色一代男』だけが西鶴の真の著作である、という大胆な主張を展開した。主著に『近世文芸史研究』、『おらんだ正月』など。著書多数。

森銑三略年譜

1895　9月11日、愛知県碧海郡刈谷町にて誕生。
1910　叔父の招きで上京、築地の工手学校に入学。
1915　刈谷町立図書館の臨時雇いとなる。
1918　刈谷尋常小学校の代用教員となる。年末、学校を辞し、上京。大道社に入り修養誌『帝国民』を編集。
1920　高崎市南小学校の代用教員となる。
1921　栗原長治とともに『小さな星』を創刊。
1923　市立名古屋図書館に雇員として勤務。『新愛知新聞』に「偉人暦」を連載。
1924　上野図書館内文部省図書館講習所に入学。
1926　東大史料編纂所の図書雇員となる。
1928　三田村鳶魚らの江戸文学輪講会のメンバーとなる。
1931　関根文子と結婚。
1934　史伝研究者の会合機関三古会を結成。雑誌『伝記』を創刊。『近世文芸史研究』（弘文荘）を刊行。
1936　「山東京伝私記」を『国語国文』に発表、小池藤五郎との論争に発展。
1938　『おらんだ正月——日本の科学者達』（冨山房）を刊行。
1939　目白尾張徳川家の篷左文庫の主任となる。
1940　『近世畸人伝』（岩波文庫）の校注・解題を担当。10月、蔦子と再婚。
1941　『渡辺崋山』（創元社）、『伝記文学——初雁』（三省堂）、『書物と江戸文化』（大東出版社）を刊行。
1942　篷左文庫主任を辞す。『佐藤信淵——疑問の人物』（今日の問題社）、『近世高士伝』（黄河書院）を刊行。
1947　生活窮迫のため、弘文荘に入社。
1950　早稲田大学の講師となり書誌学を講ずる。15年ほどつづく。西鶴研究を始める。
1955　『西鶴と西鶴本』（元々社）を刊行。
1970　『森銑三著作集』全12巻（別巻1巻、中央公論社）が刊行開始。翌年、第23回読売文学賞（研究・翻訳賞）を受賞。
1985　3月7日、死去。享年、89歳。
1992　『森銑三著作集　続編』全16巻（別巻1巻、中央公論社）が刊行開始。

二人目の自前メディア研究者は森銑三である。

ただし、森を取り扱うのは少しばかりの緊張を要する。というのも、在野研究者の人生と業績をコンパクトに紹介する本書は、いささか小伝の趣をもっており、何を隠そう、森は人物研究家として評伝ないし伝記の天才的な書き手だったからだ。

「読むことと、書くことと――。私がこれまでにして来たことといふと、この二つに要約せられさうである。方々の図書館に死蔵せられゐて、閲覧人の殆ど全部が読んで見ようともしない写本の類を、出して貰つて読み、その中から近世期の人物に関する資料を探し出す。それが即ち読むことであつた。しかしただ読んだだけでは忘れてしまふ。読むと同時に、それを写さねばならぬ。さうして獲た写を整理した上で、書きたいと思ふ人物に就いて書く。それが即ち書くことであつた」[01/9]

とりわけ、森の人物伝の大きな魅力は、現代の私たちからみれば、ソレ誰？　とでも言いたくなるようなマイナーな人物の生の軌跡を、入手困難な資料を武器に丹念に探っていくところにある。森の著作である『新橋の狸先生』文庫版の解説を担当している中野三敏は次のように述べる。

「捜索の糸筋は次から次へと実に手際良く、その生涯の隅々にまで及んでいくので、一見、かなり人口に膾炙《かいしや》した人物たちであるかのような錯覚をもたれるかもしれぬが〔中略〕江戸学芸研究という分野は、昭和という時代を迎えて初めて学問研究として自立する所まで進んだといえる状況であり、細部にわたる人物伝記研究といった方面は、当代アカデミズ

ムの最も手薄な領域でもあった」〔02/446-447〕

つまりは、森が取り上げなければ完全に忘却されてしまっただろう近世の偉人・変人・畸人が数多くいるのであって、馴染みがなくてもそれは道理なのだ。「先生の草された伝記的作品は、前人未踏の分野に属するものが多い」〔03/6〕。

そんな森がたずさわった雑誌メディアが、『小さな星』と『伝記』であった。

地元図書館の臨時雇い

森銑三というと、図書館をイメージする読者もいるだろう。実際、職場としても仕事場としても森は図書館をフル活用した研究者だった。

小学校卒業後、進学を希望していた森は叔父の手引きによって東京の工手学校（現在の工学院大学）に通うため上京するが、健康上の理由ですぐに帰郷してしまう。

叔父の紹介で、青年雑誌『学生』を創刊したジャーナリストの西村真次と知り合い、それがきっかけで平安時代の武将である源為朝についての論考を発表する。一九歳頃のデビューだから極めて早い。だがモラトリアムはつづいていた。

読書をしながら静養する日々のなかで、たまたまわが町に図書館ができた。刈谷の町立図書館である。ここでの臨時雇いとして働いた一年に満たない経験が、しかし、その後の森の人生を大きく決定づけることになった。

「村上忠順《ただまさ》の旧蔵書二万五千巻の整理に当つた。それが私の古書に結びつけられた最初であつた。けれども当時の私は、まだ二十を出たばかりの若蔵で、何の素養があるのでもなかつたのだから、その整理は、私には荷の勝ち過ぎた仕事だつた。しかし、それだけに、私には仕事が勉強になつた。お蔭で、江戸時代にどのやうな学者がゐて、どのやうな著作をしてゐるのかといふことを、ごく大体にでも知つて、それが大きな収得となつた」[04/373]

村上忠順とは元は刈谷藩医だった国学者で、膨大な量の遺書を残した。町の篤志家がそれを購入して寄付したのだ。

森はここで仕事兼研究という幸運なときを過ごす。それ以上に図書館での生活はその後の書物に関する来歴と密接に結びついている。というのも、刈谷図書館を辞めてからも、二八歳のときに市立名古屋図書館の雇員として働き、その三年後には図書館講習所を経て東大史料編纂所の図書雇員となるからだ。

コレクションの欲望に拘泥しなかった森は、本を個人で蔵書せず、戦前も戦後も足繁く図書館に通った。ここでのアルバイト経験は、そんな後の人生を導くものであった。

教師生活と『小さな星』

けれども、刈谷図書館での仕事は一年ももたなかった。

その代わり、図書館の館長が用意してくれたのが図書館の隣にあり、森の母校でもあった小学校での代用教員の職だった。図書館で出会う子供たちとの交流を通じ、教職に憧れていた森にとって、渡りに船とはまさにこのこと。

「子供はいい。実にいい。教室内に於て、また教室外に於て子供と接するのは何より愉快だ。しかし学校そのものは――? それは愉快でも何でもない。或は不愉快極まる存在だ。――これが嘗《かつ》て代用教員をしてゐた頃の私の偽らぬ感情だつた」［05/30］

現代だとちょっとアブナイ感じが漂う文章だが、この回想記で森は、生徒自身が選択する自由学習、義務教育の免除とその代替になる職業教育の機会付与、成績査定の否定など、既成観念にとらわれない自由な学校教育を夢想している。

子供は良いが、学校は悪い。

そんな熱血教師の有り余った情熱が二年後、群馬県の高崎市南小学校に赴任したさい、教員仲間の栗原長治と一緒に童謡雑誌『小さな星』を創刊させるに至る。栗原はその経緯を次のように述べている。

「大正十（一九二二）年の春、私は担当の子供の自由詩（当時は童謡と云っていた）が北原白秋に選ばれて『赤い鳥』に載ったのを機会に、子供の自由詩十篇をガリ版印刷して『小さな星』というパンフレットを作り、子供達に読ませたり森さんにあげたりした。すると森さんが〔中略〕「童謡を中心にした子供のための雑誌を出してはどうか」と」［06/1］

森に言わせれば、『小さな星』は「どこまでも子供らしい、子供でなければ出来ない童謡」を収め、「最初は二三百しか刷らなかつたのが、後には三千部近く刷るやうになつた」[05/46]という。

しかしそんな人気絶頂で喜ぶのも束の間、その「芸術教育運動」[05/46]をよく思わない者もいた。金儲け主義でやっているのではないか、とか。北小学校の校長から「君達の雑誌の作品には、方言が勝手に使つてあるが、あれは自分の学校の方針に反する」[05/47]と非難される、とか。そのことが災いしてか、森は辞職勧告を突きつけられ、栗原は他の学校へ転任させられた。

かくして森の第一の雑誌『小さな星』はたった一〇号で廃刊に追い込まれたのだった。

編纂所に就職

教師を辞めさせられた森は、名古屋図書館の雇員を経て上京し、東京帝国大学史料編纂所に就職する。しかし、新しい職場にはいくつもの不満があった。

第一に、そこの書庫には主として中世以前の古文書や古記録の写しが蒐集され、近世の史料は未だ手つかずの状態にあった。第二に、編纂所の同僚には自身の知的好奇心を満足させるような真の意味での学者が余りいなかった。

「編纂所には百人余りの人々が居り、その内には史学の大家として押しも押されもせぬ人々がゐられました。帝国大学や国学院の出身の少壮気鋭の人々も大勢ゐました。しかし私はそれらの人々を通観して、歴史家には歴史家らしい一つの型があり、その態度がどこまでも知的で、史料を通して史実を究めようとしながら、史上の人物をたゞ史上の人物として、遠くから眺めてゐるといつた形で、もつとその人を身近に感じようとする用意に欠けてゐることに不満を覚えました。〔中略〕学問が身に沁み込んでゐて、何でもない雑談の間にも、その身に附いてゐるものの閃くやうな人の存外少いことを知つて、さうした点にも物足らなさを感ぜずにはゐられませんでした」[07/397]

　日常生活で学問の話をすると、大体の場合において引かれてしまう。あるいは、へぇー頭いいね、と完全なる社交辞令で流されてしまう。会社のなかでの政治の話が危ういように、学問話もまた一般社会にあっては異物として存在することを忘れてはならない。**在野研究の心得その二二、仕事場で研究の話をするのは厳禁**。

　森の場合、編纂所で経験した「物足らなさ」は、狭義の学者に対する懐疑と在野として自立する矜持《きょうじ》を与えたようにみえる。「学問が身に沁み込んで」いれば、日常会話や雑談のなかでさえ学的な交流をすることができるはず？　ああ、そんなふうに思う時期があるものだ。

　けれども、悪いことだけがあったのではない。歌人にして国文学者で柳田国男の兄の井上通泰《みちやす》。江戸文化研究のパイオニアこと三田村鳶魚《えんぎょ》。彼ら、師ともいうべき民間学者と知り合ったのもこの頃のことだ。逆にいうと、「民間派や在野党とかいふべき人々との接触が多くなるにつれて、編纂所での私は、ますます異分子的な存在となつて行つたともいはれませうか」〔07/400〕。

三古会と『伝記』

そうこうするうちに、森は二度目の雑誌メディアを立ち上げる機会に接する。一九三四年八月、陸軍軍人にして人物研究家の渡辺金造（号は刀水）に、「会を一つ起さう」、「史伝の研究家を中心として拵《こしら》へるので、毎月一回例会を開いて話し合ひ」〔08/359-360〕をしようと誘われたのだ。森が四〇歳間近のことだった。

名は三古会。「三古といふのは、稽古、尚古、考古を意味する」〔08/361〕。第一回会合は「十三名」〔08/362〕集まった。これの機関誌が、森の研究発表の主戦場としても活用されていく『伝記』である。

ところで、渡辺は次のように提言していたらしい。

「簡素な集まりをするのだから、改まつて会費を取立てることなどはしないで、ただその日に出席した者が、お茶の代として、幾らかづつを置いて来ることにしませう。会に財産などが出来たりすると、誰かが責任を持つて、それを保管しなければならない。だからそんなものは作らぬことにしませう。会則などといふものも、却つてそれに拘束せられるやうになつては愚ですから、それも拵へないで置きませう」〔08/360〕

なんともアバウトな会だが、しかしそのユルさが長つづきの秘訣となったかもしれない。

三古会は戦後に引き継がれて三〇〇回以上の会合を重ねた。**在野研究の心得その二三、金銭の取り扱いには慎重を期すべし**。金銭は会の運営のユルさを許さない。厳密な会計係が用意できないのなら、金銭の授受は極力控えるべきだ。

情けは人のためならず

森は『小さな星』にしろ『伝記』にしろ他人の相談に応じて参加を決めている。自発的に動いているのではない。来るものは拒まず。

だが、一旦参加を決めたコミュニティとメディアに対して、森は真摯な態度をとりつづけた。一般誌に書けるようになっているにもかかわらず、一九六二年から同人雑誌『ももんが』に寄稿するようになったのも、その良い例だ。

このような協力的な態度は、研究が本質的には個人プレーでなされるのではない、という彼の研究観に由来しているのかもしれない。

「人物研究には、究極がない。自分の研究の至らぬ点は、なほ後人の研究に俟《ま》つべきであり、それにつけても、後の研究家の取りつき易いやう、計らつて置く用意があつて然るべきである」[09/540]

森の人物研究には参照した資料や先行研究の内容が詳細に記載されている。これは彼の文体の大きな特徴だ。

研究者として当然といえば当然のことかもしれないが、ここには、研究という営みが本質的に共同作業によって育まれていくという意識が垣間見える。討議や相互批判の機会は無論のこと、先行研究というかたちで研究は潜在的に集団的な参加を要求する。資料の入手にしてもそうだ。

「人の秘蔵せられる文献その他をも、資料として使はせて貰はなくては、研究の進められぬ場合が多いことだけでも考へたら、進んで人の研究にも助力すべきである。人物の研究も、同好の士と気脈を通じ、互に力になり合つて、仕事をすることが出来たら、研究は一段と楽しさを増さう。〔中略〕他を利用することはする。他から利用せられたくないといふ態度でゐる人もある。それは器局の小ささを自ら語つてゐるものであり、自分の世界を自分から狭めてゐるものといつていい」[09/540]

情けは人のためならず。民間知識人らとの知的ネットワークを活用できた森は、学知が学問にたずさわる者たちのコミュニケーションを密にすることでより高度に進歩することを理解していた。公共物としての知。ここには本を私有ではなく公有（図書館）で活用していたそのライフスタイルも関係しているかもしれない。

在野研究の心得その二四、資料の情報は積極的に他の研究者と共有すべし。論文のプライオリティ（一番乗り）は研究者を評価するさいの大きな要素だ。けれども、学知の充実という観点からみたとき、誰が優秀で誰が劣等かなどという問題は瑣末なことにすぎない。いわんや、誰が教授になり誰が就職できなかったかといった下らないことなど。

在野研究者はいわゆる業績のために研究しているのではない。情報を多くの研究者と分かち合うことで、本質的な仕事に着手することができよう。

戦前から戦後へ

森銑三は、その友好的な主張やのっそりした外見にもかかわらず、ところどころで厳しいことをスパスパ挟んでくる。従来高く評価されていた江戸時代の学者、佐藤信淵《のぶひろ》を、〈疑問の学者〉として容赦ない批判を加えた著作『佐藤信淵』などはその典型的な表出だろう。

「森さんの率直さは時に峻烈な趣きを呈することがある。歴史上の人物を主題としたさる著名な文芸評論家の著書に話が触れた時に、森さんは言下に「○○如きが」と、さも片腹痛いといった調子で言って捨てられた」[10/4]

「如きが」。森のこういった側面は、数少ない評伝にして決して森礼讃に終わっていない名著、柳田守『森銑三』でも指摘されている。「「無目的」の「純粋読書人」」とイメージされることの多い森は、しかし一九三三年あたりでは、官学者へのウラミツラミはもちろんのこと、それ以上にナチスの焚書に肯定的に言及したり、健全図書育成のため児童書の監視機関を要求したりと、統制的な時代潮流と無関係ではなかった[11/175-187]。

戦災によって収集した資料が焼けてしまったがために、森の人物研究は戦前で終わっている。戦後は早稲田大学の講師をしつつ、『西鶴と西鶴本』などに結実する井原西鶴研究に集中した。そこでは『好色一代男』だけが西鶴の真の著作である、という独創的な自説を繰り広げた。ちなみに、今日ではこの説は否定的に取り扱われることが多いようだ。

戦後の森は研究のために考え抜かれた朝二時起床&夜七時就寝という超老人型の生活リズムを崩さなかったという。八九歳で死去する森は最期まで学究に徹した。晩年まで衰えを見せなかったその著作は膨大な数に上る。彼が参加したメディア活動やコミュニティ活動をふくめて、そこから学ぶべきことはまだまだ残っているといえよう。

【引用文献番号】


01…森銑三『思ひ出すことども』、『森銑三著作集　続編』第一五巻収、中央公論社、一九九五。初版は中央公論社、一九七五。

02…中野三敏「解説」、森銑三『増補　新橋の狸先生――私の近世畸人伝』収、小出昌洋編、岩波文庫、一九九九。

03…佐藤要人「庶民的人物伝」、『森銑三著作集』月報第七号収、一九七一。

04…森銑三「古書と共に経た五十年」、『森銑三著作集』第一二巻収、中央公論社、一九七一。初出は『ももんが』、一九七〇・六。

05…森銑三「現代教育に対する私見」、『森銑三著作集　続編』第一三巻収、中央公論社、一九九四。初出は『日本及日本人』、一九三三・一〇。

06…栗原長治「小さな星――森さんと私」、『森銑三著作集』月報第五号収、中央公論社、一九七一。

07…森銑三「過去を語る」、『森銑三著作集』第一二巻収、中央公論社、一九七一。初出は『典籍』、一九五四・四（原題「或学生に」）。

08…森銑三「三古会小記」、『森銑三著作集　続編』第一五巻収、中央公論社、一九九五。初出は『近世の文芸』、八木書店、一九七六。

09…森銑三「人物研究に就いての私見」、『森銑三著作集　続編』第一二巻収、中央公論社、一九九四。初出は『神奈川史談』、一九六三・一二。

10…片桐幸雄「森さんのこと」、『森銑三著作集』月報第九号収、中央公論社、一九七一。

11…柳田守『森銑三――書を読む〝野武士〟』、リブロポート、一九九四。

言葉を造る

平岩米吉（ひらいわ・よねきち　**1897-1986**）　動物学者。専門はイヌ科。〈動物文学〉という言葉を発明し、雑誌『動物文学』を創刊することで動物研究の基礎をつくった。自宅に犬科生態研究所を構え、多くの野生動物を飼育し、観察した。日本の狼研究の先達となる。主著に『犬の行動と心理』、『狼』など。

平岩米吉略年譜

1897 2月4日、東京は亀戸の豪商の長男として誕生。乳母に愛育される。

1914 この頃から登山、短歌、連珠に熱中する。短歌は与謝野晶子に認められる。

1916 府立第三中学校卒業。『萬朝報』社主の黒岩涙香に認められ、平岩麗山として連珠初段。以後、順調に累進。

1925 高橋貞子（佐与子と改名）と結婚。定石の研究に没頭。

1926 『聯珠斜引花月必勝法』（大野万歳館）を刊行。

1927 長女、由伎子誕生。

1928 斎藤弘、鏑木外岐雄らと日本犬保存会を設立。犬保存運動に力を注ぐ。長男、布士夫誕生。

1930 『聯珠随筆』（聯珠白日会）、『人形の耳——幼児の自由詩集』（梓書房）を刊行。以降、連珠から犬科動物の生態研究に専心する。目黒区自由が丘の自宅を犬科生態研究所として、狼その他野生動物の飼育と研究を本格的に始める。

1931 雑誌『変態随筆』と『母性』を創刊。

1933 『母性』を『子供の詩・研究』と改題。科学と芸術の融合を目指した『科学と芸術』を創刊。

1934 次男、阿佐夫誕生。『科学と芸術』を改題し『動物文学』として創刊。フィラリアによる愛犬の死をきっかけに、フィラリア研究会を設立。フィラリア治療の道を開く。

1936 動物文学会を設立。月一回例会を開く。

1939 次女、登和子誕生。

1942 『私の犬——動物文学随筆集』（教材社）を刊行。

1956 『犬の生態』（同和春秋社）を刊行。

1968 犬だけでなく猫に関する研究も始める。

1976 『犬の行動と心理』（池田書店）を刊行。

1981 『狼——その生態と歴史』（動物文学会）を刊行。

1982 『犬の歌』（動物文学会）を刊行。

1985 『猫の歴史と奇話』（動物文学会）を刊行。日本猫保存運動をはじめ、純潔日本猫の会を発足。自身の手による最後の『動物文学』（第51巻第3号）を刊行。

1986 6月27日、死去。享年、88歳。

「動物文学」というと何を想起するだろうか。『シートン動物記』か、あるいは「猿蟹合戦」か、はたまた『吾輩は猫である』か。ともかくも、何らかのイメージを喚起するだろうこのポピュラーな言葉が一人の在野研究者によって造られたことは余り知られていない。その名は平岩米吉。一九三四年、自宅で野生動物の飼育をしていた変人によって創刊された雑誌『動物文学』こそが、その語の事始めである。日本では未だ本格的な研究のなされていなかった狼を代表とする、その他様々な動物を間近で観察した平岩の研究成果の主たるものはこの媒体を通じて発表された。

また平岩米吉とは、飼っていたチムという名の愛犬の死をきっかけにフィラリア治療の道筋をつくった人物であることを付け加えておいてもいいだろう。

雑誌『動物文学』は戦争をまたぎ、高齢になった平岩の手を離れてからも、非売品の会員誌として今もつづいている歴史あるメディアとなった。また、不治の病であったフィラリアも平岩の働きかけのおかげで、今日では月一回の予防薬を飲ませるだけで防げる病となった。こうしてみると、平岩の偉大さがよく分かる。

自前メディア研究者の三人目として取り上げるのは、大槻や森とはまた違った意味で変人の動物マニア研究者だ。

連珠から動物学研究者へ

平岩の元々の愛好の対象は、動物とも文学ともほぼ無関係にみえる連珠の定石であった。連珠とは五目ならべを改良したゲームで、明治の世に、黒岩涙香が五目ならべの先手必勝法を自身が主幹であった『萬朝報』で発表した結果、注目が集まり、涙香が改めて連珠と命名して人気を博した。

そんななか、一〇代後半の平岩は涙香の前で行われた試合でその才能を認められ、一八歳で初段、平岩麗山と名乗り活躍する。それ故、平岩の処女出版は動物の本ではなく、連珠の定石をまとめた書物、『聯珠斜引花月必勝法』であった。

しかし涙香が死んでから、みるみるうちに連珠人気は下落していった。その代わりに平岩が熱意をもって打ち込んでいったのが、まさに動物の研究だったのだ。

元々、平岩は幼少期に乳母の廣瀬みさに教えて貰った馬琴の『椿説弓張月』に登場する狼に魅せられていた。それもあってか、一九二八年、既に日本犬保存会の設立に参加している。他にも日本シェパード犬協会に入ったり、展覧会（ドッグショー）の審査委員長をするなど、小さな参加を通じて動物への関心を示しつづけていた。

妻となる佐代子との結婚、そして長女の誕生を経て、何十頭という犬を飼える荏原郡碑衾町《えばらぐんひぶすまち》（現在の目黒区自由が丘）に越してきたのは一九三〇年、平岩が三三歳になる年のことだ。自宅からは狼やハイエナの不気味な鳴き声が聞こえ、その怪しさやキツイ臭いから隣人はすぐに引っ越ししてしまう。奇人変人と呼ばれる生活の始まりである。

メディアからメディアへ

一九三四年に始まった『動物文学』は元をたどれば、やはり平岩が創刊した『科学と芸術』を改題した雑誌だった。平岩は媒体づくりに慣れている。先立つ一九三一年に彼は『母性』と『変態随筆』という雑誌を発行し、前者は二年後に『子供の詩・研究』と改題され、のちに『動物文学』に合併される。資金に関していえば、『動物文学』は会員を募り、その会費でまかなわれていた部分が大きい。

このように、彼の日々の仕事は動物の飼育とその研究だけではなく、こういった雑誌の編集作業に捧げられたといっていい。だからこそ、逆に編集や校正の作業は平岩の研究時間を圧迫し、彼は次第にフラストレーションをためこむようになっていく。「編輯事務から容易に開放されぬ現状では、自分だけの執筆に没頭することなどは全く思ひもよらぬ」[01]。加えて、それは「動物文学」という新しい概念の無理解にも起因していた。「実際に動物を手がけてゐる人の書くものは確かに内容があり、注目すべき事柄も少くない。然し、この畑の人にはやゝもすれば殆ど表現の様式を念頭においてゐないやうな難文を書く傾向があつて、筋の通るやうにするだけでも随分苦しむことがある。／ところが、これとは反対に、文学畑の人の書くものは、流石に文章で悩まされることは少いが、今度は動物に対する独断や誤解が甚しくなり、これまた掲載の障害となることが多い。創刊以来この両潮流に挟まれて、常に人知れぬ辛苦をせねばならぬのは、まことに本誌の如き特殊の立場にある雑誌の編輯に当るものゝ宿命なのであらう。そして、編輯の後継者を得ることの困難さも、勿論この点にかゝつてゐるのである」〔02〕

ただし、愚痴をこぼしつつ、戦中のやむなき中断を経て戦後にすぐ雑誌を復刊させたことをみても分かる通り、根本的には平岩は雑誌づくりを愛していた研究者だった。平岩米吉伝を書いた片野ゆかのいうように「結局のところ米吉は、雑誌の発行が好きで好きで、しかたがなかったのだ」〔03/287〕。

そして、自身の研究成果は基本的にこの自前のメディアで発表し、その蓄積の末にやがて文学系から自然科学系までの話題を武器に、一般誌にも執筆する機会を得るようになっていった。『文藝春秋』『オール読物』『科学とペン』『中央公論』『山小屋』等々。マイナーでも自分の足場をしっかりと整えておけば、それがやがて力となってメジャーでも活躍できる。ここに独立したメディアをもつ研究者の強みがある。

「動物文学」とは何か?

「私が始めて動物文学といふ言葉を用ひたのは、昭和八〔一九三三〕年十一月、雑誌「科学と芸術」を創刊した頃であつた。然し、当時は単に知友に対して物語つたといふ程度に過ぎず、実際にこれを文字に現はし、私の生涯の仕事の一つとして公然使用するに至つたのは、翌九年六月、該誌を「動物文学」と改題するに際してであつた」〔04〕

そもそも「動物文学」とはなんなのか。それは単に動物が登場する文章のことを指すのではない。要約していえば、そこには動物に対する「理解と愛」が必要である。

「動物文学とは何か？　動物を扱つた文学と云ふ意であらうか。無論それに相違はない。然し、動物を扱へば、直ちに動物文学と言ひ得るかと云ふに、私は決してさうではないと思ふ。〔中略〕動物文学の基礎をなすものは、実に動物に対する理解と愛とであつて、この一大事なくして特殊の文学は成立し得ないのである」〔05〕

この「理解と愛」は動物の飼育への態度についてもいえる。平岩は動物たちを柵のなかに入れず、できるだけ野生に近い放し飼いの状態で、その生態を観察しようとしていた。娘の由伎子は次のように書く。

「昭和五年（一九三〇年）、父は早くも千坪ほどの庭を囲って犬たちはもちろん、犬科の狼、ジャッカル、狸、狐、そして猫科の朝鮮山猫、その他ハイエナや麝香猫《ジャコウネコ》、熊や栗鼠《りす》に至るまで多数の野生動物を飼い始めていました。／動物たちはできるかぎり放し飼いにされていましたが、それは一頭だけ檻に閉じ込めて飼ったのでは動物の本当の姿を理解することはできない、自然に近い状態で、集団生活をするものは集団で、それも世代を通じて見ていかなければならないという父の考えにもとづいていました」〔06/56〕

ちなみに、平岩の動物愛は度が過ぎており、しばしば狼を連れて銀座まで散歩に出かけていた。あるインタビューに答えて曰く、「これを言ってはいけないんですが、私は銀座のデパートの屋上まで、オオカミを連れて上がったことがあります。だれもオオカミとは気がつきませんでしたね」［07/34］。

……言っちゃったよ！

〈会〉の結成

『動物文学』の果たした文化的貢献は大きい。シートンを初めて日本に紹介したのもこの雑誌であるし、日本狼研究の先鞭をつけた『狼』へとつながる狼民話の収集や狼特集号の企画もこの雑誌によって行われた。

この雑誌には南方熊楠、柳田国男、折口信夫、徳富猪一郎（蘇峰）、寿岳文章《じゅがくぶんしょう》、室生犀星、小川未明、新美南吉など、著名な論客を含む書き手たちが「動物」という統一的なテーマのもとで寄稿した。『動物文学』は戦後もつづき、一九七八年に一旦の幕が下ろされたが、その後も不定期に会報を刊行をする長寿雑誌となった。

注目に値するのは、自前メディアの確保に並行して平岩は様々な〈会〉をつくることで自身の研究に多くの人々を巻き込んでいったということだ。

日本犬保存会から始まり、『動物文学』に後続するかたちで動物文学会、フィラリア克服を目指したフィラリア研究会、晩年には純潔日本猫の会を立ち上げた。また、一九四九年に始めた哺乳動物談話会は、日本哺乳動物学会となり、そのあとに日本哺乳類学会になって現在でも活動している。

在野研究の心得その二五、メディアと並行してコミュニティもつくろう。今日、単なる一人メディアをつくることは決して難しくない。けれども、それが大きな運動体として力を発揮するにはメディアの読者の数はもちろんのこと、寄稿者であれ編集者であれ発行者であれ、多人数の参加者が必要となるだろう。その集団性が既存の学会とは異なるかたちで公共性を立ち上げもする。最初から格式張った研究会を始めるのは難しいだろうが、月一回の読書会や勉強会の段階から始めていくことは十分可能だろう。

面会謝絶好きの原田大六や高群逸枝などと違って、平岩には孤高が似合わない。動物の世話にしても、妻である佐代子や娘の由伎子の助力を存分に活用して平岩は編集と執筆の生活とを両立させた。由伎子に至っては、父親の遺志を受け継ぎ、『動物文学』続刊に努め、日本猫の保存運動を展開していった。やはり家族をどう説き伏せるかがひとつの鍵である。

科学と芸術、動物と文学

平岩の著作の特徴は、今日でいう生態学的ないしは動物行動学的な観察と民話や伝説といった民俗学的な視点が織り交ざりながら展開していくという点だ。平岩は文理の区別を無視し、対象となる動物の理解を深めようとする。『動物文学』での文章をまとめた『私の犬』や『犬と狼』の時点では単なる随筆の感が強いが、『犬の生態』、『狼』、『猫の歴史と奇話』などでは、大量の文献（データ）と図表を扱いつつ、多角的に、具体的にいえば科学的かつ文化的な視点から動物の生態を捉えようとしている。

しばしば別々のものとして表象されている二つの方法や観点を統合していこうとするその姿勢は、平岩のひとつの思考の癖だったように思われる。たとえば『動物文学』の前身『科学と芸術』では次のように書いている。

「問題は科学を芸術化することでも、又芸術を科学化することでもなく、恐らく両者の深い理解と黙契《もっけい》を形作ることでなければなるまい。しかも、それは実際問題として詩魂を有する科学者、科学を解する芸術家によつてのみ可能である」［08］

科学だけでもいけないし、芸術だけでもいけない。この態度は「動物を手がけてゐる人」だけでも「文学畑の人」だけでもダメだとされた「動物文学」の考え方に引き継がれる。「動物文学」とは動物に対する「理解と愛」が不可欠であり、「科学と芸術」を含め、平岩の力点がその「と」にあっただろうことは想像にかたくない。

平易志向

「学問というと、とかく専門の学者だけが関与し、一般の人とは直接縁のないもののように思われがちである。そして、その論文となると、一定の形式があって、全く無味乾燥、近寄りがたい気がするものである。そのうえ、時には、わざわざ難解の字句を並べて、その内容をいかにも深遠なものに見せようとする人さえある。／しかし、本当の学問とは、決してそんなものではないと思う。どんなに難しい事柄でも、できるだけ平易な、また簡潔な表現で、気軽に世人の親しめるものになすべきである」[09/3]

平岩は「平易」であることを重要視して執筆活動に取り組んでいた。「如何にむづかしい事柄、複雑な事柄でも、これを平易に簡潔に表現するのが本当である」[10]という言葉が一九三三年に出ていることを思えば、その平易志向は生涯変わらなかったようにみえる。

在野研究の心得その二六、平易な表現や文体に努めるべし。

実際、平岩の著作はどれも読みやすく、専門的論文にあるような格式張った硬さはほとんどない。しかし、このような俗っぽい性格は、しばしば大学人からの低い評価を形成した。片野ゆかは「米吉の活動や発言は、動物を専門とする研究者のあいだで決して好意的なものばかりではなかった」[03/265]と述べている。

しかし、考えてみれば、平岩にとって「理解と愛」の対象たる動物たちは彼の目の前におり、自宅こそが研究の最前線であった。しかも、発表のためのメディアは既に手中にある。なにを恐れることがあるだろうか？

独立系研究者のもっとも成功した姿を私は平岩米吉にみたいと思う。

【引用文献番号】


01…平岩米吉「編輯後記」、『動物文学』、一九三九・三。

02…平岩米吉「編輯後記」、『動物文学』、一九三九・五。

03…片野ゆか『愛犬王　平岩米吉伝』、小学館、二〇〇六。

04…平岩米吉『私の犬――動物文学随筆集』（序文）、教材社、一九四二。

05…平岩米吉「後記」、『動物文学』、一九三四・一〇。

06…平岩由伎子「狼と生きて――父・平岩米吉の思い出」、平岩由伎子編『狼と生きて――父・平岩米吉の思い出』収、築地書館、一九九八。

07…平岩米吉「『やァこんにちは』第一四六回　動物研究家　平岩米吉」（インタビュー）、『週刊読売』、一九五六・五・六。

08…平岩米吉「編輯後記」、『科学と芸術』、一九三四・二。

09…平岩米吉『猫の歴史と奇話』、動物文学会、一九八五。

10…平岩米吉「編輯後記」、『科学と芸術』、一九三三・一二。

第五章

政治と学問と

赤松啓介〔あかまつ・けいすけ 1909-2000〕 民俗学者。本名は栗山一夫。〈夜這い〉の研究で有名。柳田民俗学の〈常民〉概念に対抗した〈非常民〉をキーワードに、独自のフィールドワークを活用して差別や性に関する村落共同体の慣習を採集した。主著に『民俗学』、『非常民の民俗文化』、『夜這いの民俗学』など。

赤松啓介略年譜

1909 3月4日、兵庫県加西郡下里村にて誕生。
1915 神戸市へ転居。
1926 大阪の商業学校・工業学校などに通う。独学で得た知識をもとに遺跡調査を始め、帝塚山古墳を発見、京都帝国大学の浜田青陵に報告する。これが縁で東京人類学会に入会。
1929 小学校准教員検定試験に合格。郵便局の通信事務員として勤務。
1930 初めての活字調査報告「下里村の民譚」を『旅と伝説』に発表。
1931 プロレタリア科学研究所、日本戦闘的無神論者同盟に入会。
1933 3月、検挙される。翌年から自転車での行商をつづけるかたわら、民俗学・考古学の論考を次々と発表していく。
1936 民間伝承の会に入会。処女出版作『東洋古代史講話』(白揚社)を刊行。
1938 『民俗学』(三笠書房)を刊行。
1941 治安維持法違反により、求刑4年、懲役4年の刑が下る。控訴し懲役2年6ヶ月の判決が下り、大阪刑務所に服役する。
1948 『天皇制起源神話の研究』(美知書林)を刊行。
1949 石井澤枝と結婚。民主主義科学者協会神戸支部局長になる。
1950 長女、啓子誕生。生活苦に陥る。『結婚と恋愛の歴史』(三一書房)を刊行。
1958 神戸市史編集委員になる。
1968 神戸市埋蔵文化財調査嘱託。関西地方に地方による自主的学習サークルどんぐり会の講師をつとめる。
1980 『神戸財界開拓者伝』(太陽出版)を刊行。
1986 『非常民の民俗文化――生活民俗と差別昔話』(明石書店)を刊行。大きな反響を呼ぶ。
1991 『非常民の性民俗』(明石書店)を刊行。
1994 『夜這いの民俗学』(明石書店)、『夜這いの性愛論』(明石書店)を刊行。
1997 岩田重則編『赤松啓介民俗学選集』全7巻(別巻1巻、明石書店)が刊行開始。
2000 3月26日、肺炎のため死去。享年、91歳。

フランスにエリゼ・ルクリュ〈Élisée Reclus, 1830-1905〉という在野の地理学者がいた。

ベルリン大学で活躍していた近代地理学の父ことカール・リッターの授業に大きな影響を受けたルクリュは、世界を旅しながら独自の人文地理学を構築し、人間が生きていく上で不可避に拘束される自然環境の条件を明らかにしようとした。しかし、これは裏からいえば、変更可能な社会環境の領分を明らかにすることでもあった。

「人間が避けることの出来ない自然の諸事実と、人間が免かれ或は全然無視し得る処の人為世界に属する諸事実との間には、気付かるべき明白な差違が存在するのである。土地、気候、労働及び食物の性質、血統及び婚縁の関係、集団の方式等は、各人間の歴史にも、また各動物にも、感化力を有する原始的の事実である。然るに、俸給とか、保護とか、商業とか、国の区画とか、いふやうなことは、原始時代の社会の些かも制束されなかつた処の第二義の事実である」〔01/36-37〕

人間にとってそこに住む自然環境の支配力はたしかに決定的だ。しかし、これに比べれば、社会環境、つまり「俸給とか、保護とか、商業とか、国の区画とか」を変えることなど造作もない。この点に、ルクリュの地理学とアナーキズムの共存がある。

そう、ルクリュはピョートル・クロポトキンなどとも並び称され、一八七一年のパリ・コミューンにも参加したアナーキストでもあったのだ。

変えられないもの〈地理的条件〉を明らかにしたとき、変えるべきもの〈社会的条件〉が明確になる。これが革命家の前提だ。そして、そのような革命家は、学校教育のなかでは決して生まれない。「革命家等は、本来の意義を失った凡《あら》ゆる公式理論から逃れて、学校の教育の外に真理を探し求める」［02/5］。

旅行の中で学びつづけたルクリュにとって、在野という場所は自身の政治思想、革命理論と固く結びついている。

「偉大な学校たる外在世界は、その驚異すべき人間産業を、富者にも貧者にも、これ等の驚異を出現せしめた人々にも、それ等を利用する人にも、等しく開示しはしないか？ 貧乏に窶《やつ》れた浮浪人も権勢の人と同様に鉄道や電信や揚水器や穿孔器や発火器やを観察することが出来る」［02/13］

野外＝「外在世界」だけが誰も排除しない開かれた学校であり、絶対的な公教育機関なのだ。こうして在野研究の力は、狭義の学問だけでなく、政治や教育の問題にまで拡がっていくことになる。

研究者はしばしば政治的である。あるいは逆に、政治に失望したからこそ研究へ移る者もいる。しかし、その場合であれ、彼の研究なるものは、政治との関係性を引きずっているという意味で、しばしば別様の政治運動として捉えることができるのかもしれない。そもそも、在野研究者であるということ自体が、一種の政治的パフォーマンスになってはいないか？

本章で取り扱いたいのは、政治と研究の微妙な緊張関係を生きた研究者だ。最初は、〈夜這い〉で有名な民俗学者の赤松啓介をみよう。

〈非常民〉民俗学の発明

日本民俗学の大ボスである柳田国男が性の問題を無視してきたことは、第三章の吉野裕子のときに述べた。赤松は正統的な民俗学の対象から外されてしまった性の営みの数々、とりわけ〈夜這い〉を収集することで、反柳田民俗学を打ち立てた。具体的には、柳田のキーワード〈常民〉に対抗して〈非常民〉という言葉を造って、マージナルな領域に宿る人間の現実を強く主張した。

「いわゆる民衆、市民、常民といわれるような階層の他に、その底、あるいはそのまだ底、その下の底などにも、いくつも人間集団があり、かれらがどのような生活意識をもち、どのような生活民俗を育ててきたか。その極めて概要を説明してみたいと思ったのが、「非常民の民俗文化」である」〔03/15〕

赤松は言う、「民衆、市民、常民、ありゃなんじゃ。どこにも実体のない、われわれの共同幻想だ」〔03/13〕。吉本隆明のタームを借りつつ「非常民」の現実を語る赤松の文体は、ときに乱暴な口語を織り交ぜて、読む者の道徳観を揺さぶる論を展開していく。

赤松の「夜這い」論が積極的に評価（見直し）されたのは、戦後、代表的には民俗学者の大月隆寛の紹介をきっかけに、フリーセックスや売春が問題視された文脈の上でのことだった。婚姻外の性的関係など過去の日本にいくらでもあったではないか、というわけだ。

対談本『猥談』（現代書館、一九九五年）も出した上野千鶴子がいうところの「赤松ルネッサンス」［04/315］である。

このような下ネタ民俗学者は、元々、戦前にあってはマルクス主義的な民俗学を構築しようとしていた左翼青年だった。

高い流動性

父を早くに失った小学校時代の赤松は「当時の用語で言う低能児」［05/331］で、学校の勉強はカラキシであった。しかし、不思議と記憶力には自信があった。立川文庫を読破して、中学校には行けずとも、勝手気ままな勉強をやろうと独り決める。
「学校の成績は良くなかったが、自分でも記憶力が抜群であると信じていたので、好きな勉強を気ままにやろうと思ったのである。しかし高等小学校を卒業してみると、遊んでいるわけにもいかず、五郎池にあった株式取引所の証券屋へ給仕で入った。どうにも株屋は性に合わず、一カ月足らずでケツを割り、世話する人があって大阪の果物屋へ丁稚奉公に出る。小店の丁稚奉公だから勉強もできず、待遇もよくないし、そのうち友人もできて、あちら、こちらと移り歩いた」［03/279］
最近の若者は三年ももたずに仕事を辞めてケシカラン、とか何とか言ってる場合じゃない。赤松の年表を一覧していて気づくのは、その流動性の高さである。夜間商業学校に入学するが面白くなく昼の工業学校へ転校、だが、これもつまらなく退学。商店員に就いたと思ったら、祭りや縁日で瀬戸物を売り始め、零細工場の職工に落ち着いたと思ったら、今度は小学校教員検定試験を目指す。検定はとれたが、当時の月給が大したことなかったので教員にはならなかった。そのあとに郵便局吏員になる。

彼の生涯でまともな就職といえるのはこの郵便局時代だけである。このような多彩な経験が後に「非常民」民俗学に大いに活かされることはいうまでもない。

在野研究の心得その二七、複数の職歴も武器になる。今日では、非正規雇用によって流動化した労働のかたちは、しばしば生存の不安定性に、リスクに直結してしまう。それを前提にした上で、しかし、様々な職業の経験から得たものが決して研究に役立たないわけではない。研究活動がこの世界を対象としている限り、この世界で得る経験のすべては潜在的にいえば学的対象である。役立たない経験などない。赤松民俗学はそのことを教えてくれる。

民俗学入門、左翼入門

歴史学者の喜田貞吉の個人誌『民族と歴史』や『社会史研究』を購読していた最初期の赤松は、村落の民俗文化というより古代史や考古学の分野の方に興味をもっていた。たとえば一七歳のとき。独学で得た知識を元に遺跡調査をし、帝塚山古墳（前方後円墳）

を発見した。これを京都帝国大学の浜田青陵（青陵は号、本名は耕作）に報告したことをきっかけに、浜田から書信で考古学を学び、彼の勧めで東京人類学会に入会している。そこでの最初期の論文や報告書は本名の栗山一夫の名で発表されている。

それと同時に、忘れてはならないのが、ほぼ同時期に赤松は大阪のメーデーに参加することで「新時代の暁鐘《ぎょうしょう》が鳴りひびくのを意識した」[05/341]ということだ。同時的に生まれた民俗学的興味と労働運動のうねりが赤松のなかで混ざり合っていく。

彼が左翼運動に参加し始める根本的な動機には、丁稚制度の撤廃という社会の構造的変化があったという。「大正後半から昭和四年ぐらいまでが、そうした変革期で、私は旧型の丁稚奉公から新型の商店員に変容する過渡期を、身をもって体験していたことになる」[03/298]。

「男の方も高小卒を主として丁稚に採用して養成していたのを、中等学校卒の「学校出」を採用し訓練するようになる。そうなるとたちまちのうちに寄宿舎収容が廃止され、自宅から通勤させることになり、呉服など特殊な売場を除いて背広の洋服姿に変わった」[03/299]

労働が近代化されるにつれて、古き良き（?）徒弟制度や丁稚制度は危機に瀕す。そして、学歴がモノをいう価値観が幅を利かす。「古い呉服屋の垢を削り落とし、近代的な百貨店、デパートメントストアに進化した」[03/299]。この過程で、たとえば年季奉公の習慣は廃れ、月給制は共同体をバラバラにして個人化《アトム》を推し進める。

百貨店だけではない。この流れは工場労働者や女工を生み出し、みなが賃労働に従事していく過程でもあった。これに同期して、「勤労者」という言葉もやたらに使われ始めた。それは工場主や商店主なども指し、労働者と資本家、小作人と地主といった階級対立的ワーディングを曖昧にさせる「極めて政治的意図の濃厚な造語」〔06/126〕であった。だからこそ、「そうした過程で私が職工となり、メーデーに参加し、争議に介入するようになったのは、正に歴史的必然というべきであろう」〔03/299〕ということになる。

研究者の階級性

左傾した赤松の文章のひとつに「民俗学、ある吟味」（『郷土風景』、一九三二年）というのがある。これは民俗学の階級性を論じている論文だ。

民俗学というと、地方の風俗を紹介するだけで研究が成立するようにみえ、他の学問と異なり特別な訓練も必要ではないようにみえる。だからこそ、「素人にも容易に入り得るし、またさうした人を是非入用とした」〔07/22〕。「余り金もかゝらず趣味としても良い、それに難しい基礎的知識も要らないし」〔07/23〕というわけだ。

しかし、この門戸の広さから、いつのまにか民俗学はブルジョワジーや小ブルに支配されてしまっていた。彼らは、盆踊りを「民間舞踊の大衆慰安的娯楽」として能天気に褒めそやす。けれども、「私は小学生時代に学校から「盆踊り」の見物や参加を禁止された記憶を持つ」。夜中行われる盆踊りとは本来、「野卑であり猥雑」なものだったのではないか〔07/18〕。

ブルジョワ化した民俗学者はそういった人間の暗部を削ぎ落とし、いつの間にか体制に迎合するような研究しかしなくなる。この傾向は打ち破らねばならない。

「民俗学は、だがブルジョワジーの、そしてその影響下の、或は協力者である中間層の独専物でない。プロレタリアはあらゆる特権に反対する。即ち知識の特権に対しても同様である。〔中略〕民俗学を受け継いで発展せしめるのはプロレタリアートがあるのみである」〔07/28〕

統制された研究計画を目指して

ブルジョワ化での問題は、もうひとつには個人主義の傾向が挙がる。赤松は似たような雑誌の無節操ないくつもの創刊に苦言を呈している。

「民俗学的雑誌の刊行が余りにも多きに過ぎる。学術的雑誌として『民俗学』の他に『民俗芸術』『方言』『民間伝承』などゝある。〔中略〕それが全く無政府状態に無統制に存在してゐるのだからあきれる外はない」〔08/40〕

第四章でオリジナル・メディアを勧めた本書としては耳の痛い批判だが、この批判の源泉には正しくプロレタリア研究者の経済状態があった。

「多くの資料を集めねばならぬ民俗学の研究者が、よくこの多数の雑誌を購入し得る経済的基礎を持つてゐると思つているのだらうか。〔中略〕その多くの雑誌も相互に統制があるならよいが、支離滅裂なのであるから一層困難ならしめるのである。これは自ら限られた読者層を分散せしめ、更に向上せんとする研究者を阻止するものであり、従つて民俗学自体の発展をも拒否するのだ」〔08/40-41〕

毎月刊行される同じような雑誌をすべて買い揃えることはプロレタリアにはできない。残されている道は個人個人で異なるブルジョワ的な「無統制」な研究計画である。

赤松はこういった障碍を乗り越えるために、雑誌の数を絞り、小市民ではなく労働者や農民を読者層に取り入れ、民俗学を大衆を巻き込んで統制的に組織化せねばならないと提案するに至る。「大衆の協力――否、大衆自身が欲せねば何事も出来ない」〔09/78〕。

在野研究の心得その二八、自前メディアは類似のメディアとの協力体制を調えておく。もし編集理念や研究テーマが被るのであれば、似たようなメディアを個々別々で運営する必然性は必ずしもない。実にマルクス主義的な「統制」という強い言葉で管理するかどうかは措《お》いても、他のメディアとの協力関係はフレキシブルに考えるべきなのかもしれない。

収監時代

一九三六年、二七歳になる赤松は処女出版の機会を得る。『東洋古代史講話』である。

発行所は左翼出版物ばかり出していた白揚社、発行部数は千部である。「東洋史関係では佐野袈裟美氏がいたのだが、同氏が入獄中でぼくが代打者に選ばれた」［10/245］らしい。

しかし処女作の喜びを十分に味わう余裕はなかったようだ。というのも、「入獄」の文字が暗示しているように、左翼出版活動は当然、検束の対象となりやすく、余罪を一つひとつ重ねていく作業に等しかったからだ。

「『東洋古代史講話』は、日本の暗黒時代、ぼくの灰色の青春時代の思い出をのせている。嘘だと思うならあけてみたまえ、十分に気をつけたのだが、しかも諸処に……がある。つまり検閲で削除された部分だ。これが昭和十四年にはコミンテルンの、また日本共産党の目的達成を援助するためにした証拠になって、あしかけ五年まる四年の暗い生活を送る原因になった」［10/246］

「暗い生活」とは無論、治安維持法によって収監された時代の前後を指す。

赤松が特高に狙われたのは、とりわけ、一九三四年から入会した唯物論研究会に関係していたことが大きい。通称〈唯研〉は岡邦雄、三枝博音、戸坂潤らを中心にして結成された研究団体で、当初はマルクス主義とは無関係だったが、次第に社会科学、芸術論、文化問題に拡がり、弾圧の対象となっていた。

獄中で転向論文を書けば執行猶予となったが、赤松はそれを拒否し、懲役二年の実刑判決が下る。非転向の立場だ。しかしながら、赤松の弁によると、「ブタ箱」のなかであっても民俗学ならば勉強しつづけることが可能であったという。曰く、「普通の人はブタ箱で勉強できるなんて知らんでしょう。特に民俗学は、泥棒のやり方やスリのやり方や、普通じゃ聞けないような勉強がブタ箱ではできる」〔11/7〕。頼もしい。

アナーキストの大杉栄は監獄に送られるたびに語学を習得したという伝説をもっているが、赤松もまた、世間から閉ざされた獄中を自身の学び舎に変えて挫折の時を耐えたのだ。

インテリに対する不信

やっとのことで出獄した赤松は、同志だったはずの東京のインテリ左翼が転向して早々に保釈されていたのを見、「東京のインテリというやつはインチキなもんやなあ」〔11/8〕という感慨を新たにした。

インテリへの不信はそれだけではない。つまり、危険と隣り合わせの研究生活からみたとき、非常時の時代に体制側へ容易に寝返ってしまうインテリたちは知を弄《もてあそ》ぶ無節操、太鼓持ちにみえてしまうのだ。

「考古学、民俗学の巨匠、新進といった連中がほとんど軍事政権の強圧に屈伏し、日本精神文化だの、国民精神作興だのと太鼓を叩き始めたのだから、これまで声高に唱えていた自由主義だとか、科学性だとかは、敝履《へいり》のごとく捨て去って恥としなかったといってよい。日本人、とくにインテリ（知識分子、いまの文化人）は信用できぬ野郎どもだと痛恨の思いをかみしめた。たとえ軽いものであろうと弾圧を受けて退却したり、降伏したのなら、まだわかる。そうではなくて体制の脅しに迎合して、自ら科学者としての節操を捨ててしまったのだから、もうどうしようもなかった」［06/120］

　これは教育に対する不信とも結びつく。戦前の教育勅語は、タテマエ論、ないしは人間の現実を無視した理想論でしかない。

「近親相姦はいかんとか、夜這いは弊風陋習《へいふうろうしゅう》だとかいって教育勅語を盾に弾圧した結果は、どうなったか。山奥の片田舎にまで銘酒屋、地獄屋を繁栄させて、酌婦、仲居、娼妓を激増させ、かえって花柳病の爆発的な流行を起こさせた」［06/176］

　赤松にとって戦前の教育勅語的性教育であれ戦後の民主主義的性教育であれ、どちらも欺瞞に満ちたものとして理解されている。性は教師や学者によって教わるものではない。勝手に立ち上る習慣的な秩序は、初体験に関する性の悩みや性病といった問題を自然に解消させる。

　学校などなくてもそこにはコミュニティの単位で秩序づけられた教えと学びの暗黙のルールが存在していた。フィールドワークを存分に生かしたこのような野生の知こそ、赤松の最大の武器であった。

未来の母系複婚制

赤松啓介という在野研究者が面白いのは、研究活動と政治運動と反教育論とが相互に固く結びついているところだ。後期赤松は、フリーセックスの流行や夫婦交換（さらにはエィズやイジメ問題！）などのアクチュアルな社会問題に触れて、単婚制から複婚制への移行を提唱していた。それは資本主義の拒否として表象されている。

「彼らの愛情関係の新しい展開から、未来の複婚制への展望、女系社会の創出を見たように、かれらの経済的な慣行のなかから、いまの資本主義を否定し、新たな経済社会を建設するための、一つの基盤を見出すこともできたと思われる。それは、いわゆる「カエシ」の思想であり、慣行であった」[03/411]

「カエシ」は単なる等価交換ではない。それは共同体が自然に生み出した、行政に頼らないセーフティネットである。結婚祝いをするとそのご祝儀としてポチ袋をくれる。また農業生産には必要な手間や物資を互いに交換する「ユイ」の慣習がある。あるいはまた、スラム街での相互援助の在り方。困ったときはお互い様。このネットワークを通じてコミュニティの絆はさらに強いものになっていく。

「われわれが当面している資本主義社会体制の中でも、お互いに労力や物資を相互交換（ユイ）したり、相互援助（カエシ）したり、また資金もあるとき払いのイットキ借りで融通し合うなど、農村や部落の低階層、都市のスラム街、町工場街、廉売市場街などに古い澱滓《おり》のように生きている民俗があるということが明らかである」[03/418-419]

私有から共有へ。彼が提唱する複婚制の発想もここに基づいている。つまり単婚制は夫による妻（女性）の所有を絶対化しているが、戦前であれ戦後であれ、それはタテマエ論でしかなく、人間の自然な状態に基礎づけられていないのだ。

つまり、「男は女に、女は男に開かれた対象であり、性的交渉と選択の自由は保証」しなければならず、「子供は母系家族に扶養され、その父を問われることはないだろう」〔03/419〕。古代母系制を信じた高群逸枝は果たしてなんと返すだろうか。

「本当に学ぶことができる人びと」

左翼の科学主義や進歩主義とは明らかに異なるが、右翼的な保守主義や倫理思想には認められないラディカルな提案がここに結実している。この「母系家族」構想は、早くに父を失って母子家庭を経験し、行く先々で多くの女性たちと関係をもってきた赤松の実人生を色濃く反映しているのかもしれない。

果たして、赤松のいうように「夜這い」の習慣が支配する村落共同体の世界が、誰も傷つけない性の楽園として存在していたかどうかは疑問なところもある。けれども、マルクス主義と民俗学とインテリ不信の混合でできた赤松の文体は不思議と人を惹きつける魔力がある。

それ故にこそ、歴史学者の阿部謹也が赤松を通して語る「学問が大学や学術機関のなかで営まれる時代はもう終わってしまった。〔中略〕本当に学ぶことができる人びとは大学の外にいる人びとである」〔12/423〕という言葉に、強い説得力を感じてしまうことも致し方ない。

【引用文献番号】


01…ルクリュ『地人論』第一巻、石川三四郎訳、春秋社、一九三〇。

02…ルクリュ『進化と革命』、石川三四郎訳、黒色戦線社、一九七二。

03…赤松啓介『非常民の民俗文化――生活民俗と差別昔話』、ちくま学芸文庫、二〇〇六。初版は明石書店、一九八六。

04…上野千鶴子「解説」、赤松啓介『夜這いの民俗学・夜這いの性愛論』収、ちくま学芸文庫、二〇〇四。

05…赤松啓介「わが心の自叙伝」、岩田重則編『赤松啓介民俗学選集』第五巻収、明石書店、二〇〇〇。初出は神戸新聞学芸部編『わが心の自叙伝』第五巻、のじぎく文庫、一九七三。

06…赤松啓介『差別の民俗学』、ちくま学芸文庫、二〇〇五。初版は明石書店、一九九五。

07…赤松啓介「民俗学、ある吟味」、岩田重則編『赤松啓介民俗学選集』第一巻収、明石書店、一九九九。初出は『郷土風景』、一九三二・二。

08…赤松啓介「『旅と伝説』の任務について」、岩田重則編『赤松啓介民俗学選集』第一巻収、明石書店、一九九九。初出は『旅と伝説』、一九三三・三。

09…赤松啓介「郷土研究の組織的大衆化の問題」、岩田重則編『赤松啓介民俗学選集』第一巻収、明石書店、一九九九。初出は『俚俗と民譚』、一九三三・一〇。

10…赤松啓介「『東洋古代史講話』の頃――私の処女出版記」、岩田重則編『赤松啓介民俗学選集』第五巻収、明石書店、二〇〇〇。初出は『半どん』、一九五九・五。

11…赤松啓介「唯物論研究会の思い出」、『季報唯物論研究』、一九九二・一一。

12…阿部謹也「解説」、赤松啓介『非常民の民俗文化――生活民俗と差別昔話』収、ちくま学芸文庫、二〇〇六。初版は明石書店、一九八六。


【引用しなかった参考文献】

・大月隆寛「「まるごと」の可能性――赤松啓介と民俗学の現在」、『国立歴史民俗博物館研究報告』、一九九〇・三。
・岩田重則「赤松啓介の民俗学」、『日本民俗学』、一九九四・二。

市民社会のなかで考える

小阪修平（こさか・しゅうへい　1947-2007）哲学者。塾講師をしながら難解な哲学を平易に解説する著作を書くことを通じて、哲学ブームのきっかけをつくった。また、独自の市民社会論を構想した。主著に『イラスト西洋哲学史』、『非在の海』など。

小阪修平略年譜

1947 4月18日、岡山県津山市にて誕生。
1966 福岡県立修猷館高等学校卒業。上京し、東京大学教養学部入学。
1968 演劇をしながら、東大全共闘に参加する。
1969 三島由紀夫との討論に参加する。
1970 東大を中退。アルバイト生活へ。
1974 塾講師のアルバイトを始める。
1977 廣松渉の寺子屋塾に通い始める。
1980 翻訳、エドワルド・リウス『マルクス』（現代書館）を刊行。
1982 同人誌『ことがら』創刊。
1983 翻訳、ダヴィッド・スミス『資本論』（現代書館）を刊行。
1984 『イラスト西洋哲学史』（宝島社）を刊行。
1985 栗本慎一郎との対談本『栗本慎一郎現代思想批判――言語という神』（作品社）、小浜逸郎との共編『家族の時代』（五月社）を刊行。
1986 雑誌『オルガン』創刊。見田宗介との対談本『現代社会批判――〈市民社会〉の彼方へ』（作品社）を刊行。『思考のレクチュール』（作品社）シリーズを編集。
1988 『非在の海――三島由紀夫と戦後社会のニヒリズム』（河出書房新社）を刊行。
1990 駿河台予備校の非常勤講師になる。
1991 テレビ深夜番組「哲学の傲慢」に半年間出演。廣松渉との対談本『歴史的実践の構想力』（作品社）を刊行。
1994 『市民社会と理念の解体』（彩流社）、『コンテンポラリー・ファイル――醒めない夢の時代を読む』（彩流社）、『現代思想のゆくえ』（彩流社）を刊行。
1997 『小阪の合格小論文』（東京書籍）を刊行。
2000 『現代社会のゆくえ』（彩流社）を刊行。
2003 『考える力がつく「論文」の書き方』（大和書房）を刊行。
2006 『思想としての全共闘世代』（ちくま新書）を刊行。
2007 8月10日、死去。享年、60歳。

戦前に政治活動をしていた赤松のあとは、戦後に目を移そう。

学生運動である全共闘を経て、大学の外で学問的な営為をつづけている者は多い。東大全共闘議長をつとめた山本義隆は予備校の物理科講師をしながら『重力と力学的世界』（現代数学社、一九八一年）に代表される科学史研究を発表しているし、ヘーゲルの読みやすい翻訳で有名な長谷川宏も、大学には所属せずに自宅で学習塾を開いた哲学研究者だ。

ここに紹介するのは三島由紀夫とも討論した哲学者の小阪修平である。研究者というよりもいささか評論家のきらいがある小阪の書いたものでもっとも有名なのは『イラスト西洋哲学史』だろう。「哲学とは星空を見ることである」［01/13］という一見謎めいた定義から始まるこの書物は、柔らかい文体とキャッチーなイラストを駆使して古代ギリシャ哲学からマルクス主義までの哲学史を平易に解説している。今日でも使い勝手のいい入門書としてオススメできる一冊だ。

他にも小阪は、哲学や現代思想を易しく解説するたぐいの書き手として一般に知られている。例外的に、同人誌『ことがら』で連載していた「制度論」は、計画段階での体系性もあって、固有の問題意識を正面から取り扱った小阪の代表作となるはずだった。残念ながら『ことがら』の中断とともにその計画も頓挫してしまうのだが。

そんな小阪もまたゼンキョウトーの一人であった。その柔らかい文体からはちょっと想像できない。けれども、「『ことがら』というささやかな集団のなかであれ、わたしが組織的な課題として考えてきたことは、『ことがら』の関係をなるべく非政治的なだらしない組織たらしめようということだった」[02/50]と彼が書くとき、そこには逆に、かつて経験したただろうキビシイ「政治」体験が暗示されているようにみえる。

なぜ全共闘か?

そもそも、小阪はなぜ全共闘に参加したのか。一九六七年にデモに参加したさいに機動隊に踏まれ前歯を四本折るという、わりと痛々しい体験をしているくせに本人の記述は冷めている。

当時はまだ「先進的な学生」[03/59]に夢があったとか、サルトルが流行っていたからとか、マルクス主義は信じてなかったが歴史の進歩は信じていたから、等々。あまり積極的な感じはしない。ただ、例外的に東大生として「どこかに後ろめたい意識もあったのかもしれない」[03/60]という回想もしている。

小阪の父は戦後二、三の会社を転々としたあと、母親の親族の経営している九州の総合銀行に入社し、その社で支店長にまでなった。「階層的には中のやや上で、その分だけ甘ちゃんに育ったとも言える」[03/39]。そのような生い立ちが無意識のうちに政治運動へと導いた側面はあるのかもしれない。彼は「つかまってしまった」という表現をする。

「闘争に半身で付き合っていたぼくに、全共闘的なるものがなぜ深くしみこんでしまったのか。ぼくが全共闘の化石と自称=自嘲したりすることもあるのは、ぼくがその時代につかまってしまったからだ。自分を全共闘と言うことには、最初は忸怩《じくじ》たる思いもあった。だが、そこで自分が決まってしまった、あるいはそこからいまのぼくの人生がはじまったというのも、ぼくにとって動かしがたい事実である」[03/93]

別の表現を借りれば、「ぼくは時代と人間の関係は、巻き込まれるという形が基本だとも思っている」[03/134]ということになろう。愛読していたというサルトルでいえば、一種の〈アンガジュマン〉として、状況に巻き込まれつつ、その当事者性を選択することになった。ああ、乗りかかった船の大きいことよ。

三島由紀夫との討論

そんななか、とりわけて彼を「つかま」える象徴的な出来事が生じる。三島由紀夫と東大全共闘の討論会だ。この経験が後の『非在の海』という三島由紀夫論を準備する。『英霊の声』以来、右傾化したと左翼の間で批判されていた三島が敵陣地のただなかに現われる。この点に小阪は敵意よりも敬意を覚えることになる。

「戦後民主主義を代表する政治学者丸山眞男の研究室を全共闘が封鎖した時、丸山眞男がこんな暴挙はナチスもやらなかったと言ったのは有名な話だ。ぼくたちは、その話を戦後民主主義の知識人は、いざ問題が自分におよんでくるとうろたえるという話として受け取った。たぶんぼくらは三島由紀夫のなかに戦後民主主義的知識人や大学当局がもたない

誠実さを見ていたのだ」〔03/107〕

小阪は三島由紀夫という特異な小説家の「誠実」と比較することで、「教官」や「戦後民主主義的知識人や大学当局」の権威を相対化している。

真理の徒を標榜し、自治を謳《うた》っていた大学の知識人は、学生との対話を避けて機動隊を導入するという暴力的手段を用いる。その欺瞞性に対する不信が、後の小阪の在野人生を大きく決定づけたといえるだろう。

全共闘世代の転向

とよだもとゆき『村上春樹と小阪修平の1968年』では、学生運動に関わっていた学生たちの興味深い「転向」観を磯田光一を引用しながら紹介している。

赤松啓介は非転向だった。戦前の転向とは政治犯として拘留されたとき、思想を改め、自身の政治信条の挫折を認めることと引き換えに、一般の市民社会に帰還することを意味していた。では、戦後版の転向／非転向を分かつものとはなんなのか。それは就職問題である。一般に、戦後の学生運動における〈就職転向説〉においては、大学に残って研究をつづける者が非転向とされ、大企業に入社する者が転向者と規定された。

しかし、とよだは、全共闘系学生からみると、それは逆、つまり大学に残り研究をつづけることが転向だったと注記している。「当時は「転向」という言葉はあまり使われなかったが、大学に居残ることは節操のなさを批判されるべきだった」[04/88]。というのも、全共闘は大学解体を理念に掲げていたからだ。

果たして、小阪がこのような感覚を共有していたかどうかは分からない。しかし、ここでの言葉遣いでいえば、少なくとも小阪は〈非転向〉を貫いた。つまり、早々と大学を中退し、以降戻ってくることはなかった。

フリーター生活へ

左翼集団内で内ゲバが広がり、ついには連合赤軍事件が起こる。七〇年以降、政治の季節が終息していく。三島も七〇年に自決した。しかし小阪のなかでは本質的な変化はなかった。「闘争をやめたというような意識ではなかった。ただ自分の居場所が変わっただけだった」[03/135]。

単なるアルバイターとして大学を卒業した小阪がまず初めに就いたのは、知的営為からはかけ離れた肉体労働だった。

「大学をやめて数年、バイトで食いつないだ。高層ビルの外装の吹きつけの手伝い、アドバルーンの見張り、中野ブロードウェー（中野駅前の商店街につながるビル）のごみ掃除などを転々とした。ごみのなかから、年末には賞味期限がすぎたハムを二十本くらいもってかえった記憶もある。ビルの外装吹きつけの時は、ぼくは高所恐怖症だから十階ぐらいの足

場にのぼって手伝いをやるのはこわかったが、そのうち慣れてしまった」〔03/135〕
学生時代に演劇をかじっていたことと関係するのか、バイトのなかで最も長くつづいたのがテレビの大道具係だった。「初期のドリフの大道具や「笑点」の大道具をつくったこともある。〔中略〕フリーターの元祖みたいな生活を送っていたのである」〔03/136〕。
この時代に、恋人と同棲生活のすえ、一九七二年には長男が誕生し、小阪はそのときに籍を入れている。二七歳頃のことだ。同じ全共闘世代である村上春樹が学生結婚するのがほぼ同時期の一九七一年であった。

塾講師という転機

妻子を抱えるそんなフリーター生活のなかで転機となったのは、同じバイトでも、塾講師のアルバイトを始めたことだ。

「中学生に英語や国語を教えるバイトを、夏冬に講習会を主催していた学力増進会という塾ではじめたのがひとつの転機になった。現役の東大生が教えるというふれこみで、羊頭狗肉ではなかったが、学生運動くずれや司法試験浪人、オーバードクターなどもまじっていた。〔中略〕始めてみると、教えるという仕事は意外に楽しかった。夏や冬の講習期間だけだから気楽なものである。あとは家庭教師をするぐらいで、暇にまかせて系統的な勉強をはじめた」〔03/149-150〕

「系統的な勉強」とは具体的にはロシア革命史のことを指す。ロシアの革命家のこの上ない理想主義的熱情がなぜスターリニズム国家を誕生させるに至ったのか、という問いの答えを求めていたからだ。ここには無論、革命を目指した学生たちが、結局のところ連合赤軍のリンチへと終結してしまったのは何故なのかという運動の当事者だった者の疑問が潜在している。

塾講師は小阪が終生従事した職業といえる。一九八〇年には駿河台予備校の非常勤講師となり人文系小論文の書き方などを教えていた。それ故、哲学の解説の仕事とは別に、小阪には『小阪の合格小論文』や『考える力がつく「論文」の書き方』など対学校試験的な著作がある。

廣松渉の寺子屋塾

この時期、独学者の独りよがりな学習傾向を懸念した小阪はある私塾に入る。有名な哲学者の廣松渉の寺子屋塾である。

共産党にも入党していた廣松は七〇年に学生運動を支持していたことを理由に勤めていた名古屋大学を辞職していた。その後、大森荘蔵の尽力で東京大学に勤め、最終的に教授に就任することになるが、学生運動に共感的だったという点で小阪は廣松に惹かれた。

「廣松渉さん（日本有数の哲学者。主著は『存在と意味』）が、「寺子屋塾」でマルクスの『ドイツ・イデオロギー』の講座をもつという話を聞いて通いはじめた。寺子屋教室は今ふうにいえばカルチャーセンターだが、全共闘運動のころ造反教官だったり、運動にシンパシーをもっていた教官を講師として市民相手に開かれていた教室である。全共闘世代から当時の学生ぐらいの年代の生徒が多く集まっていた。まだ世界を理解するための新しい視角はないのかと、人びとが探していた時期だった」[03/151]

この寺子屋塾という場所が、新しい書き手を求めていた編集者との出会いの場として機能し、『流動』（これがデビュー雑誌だったようだ）や『第三文明』『宝島』といった雑誌に小阪は寄稿を始めるようになる。こうして小阪修平という在野知識人が誕生した。

在野研究の心得その二九、自由に開かれた勉強会を調べて積極的に参加すべし。フットワークを軽くすることで新たな学びや新しいツテが生まれてくる。大抵の場合、待っていても状況は変わらない。攻めの姿勢を忘れるな。

廣松は相変わらずの難解漢字を駆使しつつ、小阪との出会いを次のように回想している。「私事に亘《わた》ることをお許し願います。小阪修平さんに初めてお会いしたのは一九七〇年代の中葉に「寺子屋」においてでした。東大中退者にありがちな肩肘を張ったところのないのが印象的でした。頭のキレを驕ることなく篤実に理論的蓄積を重ねておられる様子が窺われ、この嚢中の錐《きり》は必ず現われると当時から確信しておりました」[05/244]

廣松を先生と仰ぎ、不肖の弟子として対談本も出した小阪は、その後、自分を育んだ寺子屋塾を真似てか、九〇年代から月一回の土曜の夜、住まい近くの団地の集会室に、若者から同じ全共闘世代までがつどう勉強会を開いた。会が終わったあとはみなで小銭を出し合い、ささやかな酒宴も開いたという。

八〇年代に出した同人誌『ことがら』では編集作業が忙しすぎて、「一度、出来上がった雑誌を前に全員で、印刷したばかり雑誌の香りを寿ぎながらゆっくり酒を飲みたかったというのが〔中略〕最大の悔い」〔06/83〕となっていたのを挽回しようとしたのがその酒宴だったかもしれない。

在野研究の心得その三〇、コミュニティをつくったら定期的に飲み会も開くべし。せっかくコミュニティをつくっても、メンバー同士が分断されていては意味がない。機会あるごとに飲み会の機会を設け、相互のコミュニケーションを活性化するよう配慮しよう。特別、小難しい話をする必要はない。シンポジウムの語源が〈饗宴〉であったことを忘れなければそれでいい。

同人誌『ことがら』の編集

寺子屋塾は小阪にもうひとつ重要なものを与えた。既に言及しておいた同人誌『ことがら』と、その仲間たちである。

一九八二年の八月から四年間つづいたその同人誌は、途中から竹田青嗣や笠井潔など今日でも活躍する有名な書き手を迎い入れ、小さな同人誌ながらもその存在感を世に示した。

中心となった編集同人らは元々寺子屋塾での顔見知りから派生したものである。

編集にたずさわっていた青木茂雄は終刊に臨んで、メンバーの共通点について次のように述べている。

「同人のほとんどが「寺子屋教室」の出身者であり、そこを一時期の活動場所としていたこと。そして「それ」に飽き足らなさを感じていたことを共通項としてあげることができよう。「寺子屋教室」は「我々の思想を我々の手で」のコピイにあらわされるように、在野の学問研究を進めようとしてつくられた団体である。しかし、在野とは言っても、学問研究のスタイルにそうそう大きなちがいがあるわけではなく、それに対する飽き足らなさが、「寺子屋教室」内に様々な潮流をつくりだしていった。『ことがら』編集同人も、明らかにその潮流のひとつを形成していた」〔06/80〕

最初の三号までは編集作業、定期購読者への発送や会計など、全て自分たちの手作業で行う完全にインディペンデントな雑誌だった『ことがら』は、掲載料を書き手の方が負担するような小さなものだった。だが、それ故にこそ、小阪はその同人誌に特別な愛着を抱く。

「たとえば、わたしは『ことがら』を出す二年ぐらい前から、商業誌にそこそこ文章を発表できるようになったが、商業誌に文章を発表して一万円もらうより、『ことがら』を一部買ってもらうほうが、ずっとうれしいという実感があった」〔06/84〕

『ことがら』は八号で終刊となるが、その後身となるような雑誌『オルガン』を小阪は一九八六年に創刊する。この雑誌は『ことがら』に比べてポストモダニズム以降の知に対して意識的に取り組んだ現代思想誌だ。

このように一貫して在野（で）の知を確立しようとしていた小阪が、「ぼくはやっぱり一貫して公教育は廃止すべきだと考えてきているんです」[07/124]と公教育否定論を考えていたことも、以上のような経歴を確認してみれば割合納得がいくのではないだろうか。

市民社会という場所

小阪は事あるごとに「市民社会」の話を持ち出す。これはほとんど強迫的といってもいいほどに繰り返し小阪論文に登場する鍵語だ。

「昔風の職人のように、自分の職業がその内部での価値と充足によってはかられうるならば、社会の総体は、自分の職業を媒介として表象される。古典的には大学という「共同体」もそういう半独立的な領域としてイメージされていたのである。あるいは、「知識人」もそのような――知識の客観性をつうじて――職業としてイメージされる幻想もまだ残っていたかもしれない。だが、大学闘争がそのような、自分は「知識」をつうじて大衆の味方なのだという「知識人」の自己欺瞞を批判するところからはじまったように、社会から半独立的な知識人などは幻影にすぎなかった。そしてさまざまな職業や家庭までもが社会にまきこまれ、社会と直面していくという過程こそが六十年代にはじまり現在でも進行し

ている市民社会の事態なのである」〔08/166-167〕

小阪にとって「市民社会」とは、職人や聖人のいない世界、多様な人びとが様々な職業に就き、それぞれバラバラな欲求を複雑に絡み合わせながら営んでいく世界を指す。別のいい方をすれば、それは各職種が独立性を失って共に支え合う相互依存的な社会を意味する。故に、市民社会には聖域は存在しない。ユートピアもない。三浦つとむならそんな市民社会を司る法則を「弁証法」というかもしれない。

知が大衆化した社会のなかで

それは学問についても同様だ。そもそも六〇年代から「大学生であることは徐々に特権的な存在であることを意味しなく」なり、「大学・短大への進学者数は六六年には一六、七%にまで上昇していた」〔03/19〕。俗にいう大学全入時代の先触れである。

このような条件下で、アカデミシャンであれ在野研究者であれ、市民社会と無関係に象牙の塔に篭《こも》って研究を進めることは明らかにできない。小阪の受験生に教える塾講師の経歴やビギナーにやさしい入門書などは、その市民社会的条件を明確に意識している。

小阪は次のように自問していた。「市民社会に片足をつっこみながら（飯を食いながら）、ものを書いていくとはどういうことなのか」〔09/112〕、と。

知が大衆化した市民社会生活のなかで、アチラコチラに折り合いをつけながら考えつづけること。ここにおいて、狭義の政治ではなく、広義の政治が立ち上がる。第一章で紹介したハンナ・アーレントは、レイバーとワークに加えて、第三の（そして彼女がもっとも重視している）シゴトとして、様々な他者が参加する公共空間のなかで言語を駆使して自己主張や対話をするアクション（活動）を挙げていた。

小阪の政治は最終的にその公共性の課題に立ち向かったのだといえよう。

【引用文献番号】


01…小阪修平『イラスト西洋哲学史』、宝島社、一九八四。

02…小阪修平「受難としての政治――長崎『叛乱論』をめぐって」、『ことがら』、一九八六・一一。

03…小阪修平『思想としての全共闘世代』、ちくま新書、二〇〇六。

04…とよだもとゆき『村上春樹と小阪修平の1968年』、新泉社、二〇〇九。

05…廣松渉×小阪修平『歴史的実践の構想力』、作品社、一九九一。

06…青木茂雄＋長野政利＋小阪修平「『ことがら』終刊にあたって」、『ことがら』、一九八六・一一。

07…小阪修平×見田宗介『現代社会批判――〈市民社会〉の彼方へ』、作品社、一九八六。

08…小阪修平「「ぜ」は全共闘の「ぜ」」、『オルガン』、一九九一・四。

09…小阪修平「編集後記」、『ことがら』、一九八三・一〇。

第六章

教育を拡げる

「野」の教育法

三沢勝衛（**みさわ・かつえ　1885-1937**）　地理学者。長野県に生まれ、地元小中学校で教員をつとめるかたわら、信州の土地を対象に地理学の研究に着手する。大地と大気の接触現象として再定義された独自の風土論を展開した。主著に『郷土地理の観方』、『新地理教育論』。

三沢勝衛略年譜

1885 1月25日、長野県三水村今泉にて誕生。
1900 上水内郡水内村小学校卒業。
1902 更級郡更府村小学校代用教員になる。農業科専科正教員検定試験に合格。
1903 尋常科准教員検定試験に合格。
1904 本科准教員検定試験に合格。
1905 尋常科正教員検定試験に合格。
1907 本科正教員検定試験に合格。
1913 石田りとと結婚。翌年、長男利勝誕生。
1915 検定試験に合格、師範学校、中学校、高等女学校地理科の免許状取得。
1916 妻りとが急死。5月、りとの妹とみと結婚。翌年、次男春郎誕生。
1918 松本商業学校教諭になる。
1920 諏訪中学校教諭になる。三男建郎誕生。
1922 最初の研究論文「諏訪製糸業の地理学的考察」を『地理教材研究』に発表。
1923 四男光則誕生。
1926 『渋崎図集』を自費出版する。
1931 『郷土地理の観方——地域性と其の認識』（古今書院）を刊行。
1937 『新地理教育論——地方復興とその教化』（古今書院）を刊行。8月18日、死去。享年、53歳。
1941 信濃教育会編『風土産業』（信濃毎日新聞社）が刊行。
1979 『三沢勝衛著作集』全3巻（みすず書房）が刊行。

小阪修平は公教育を否定しながらも塾講師として働きつづけた。小阪だけではない。谷川健一にしろ高群逸枝にしろ吉野裕子にしろ森銑三にしろ、程度の差はあれ、どの研究者も教育者として働いていた時期がある。

教育とは明らかに、社会と学問をつなぐもっともポピュラーな回路である。

ただし、多くの在野研究者がしばしば学校嫌いであったことも急いで付け加えておかねばならない。学校は嫌い、だけど勉強は好き、というタイプだ。

『脱学校の社会』——*Deschooling Society* は人によれば「非学校化の社会」と訳せとも言われるが——の著者イヴァン・イリッチは、学校制度がもっている逆生産性（カウンター・プロダクティビティ）を痛烈に批判する。

「一たび学校を必要とするようになると、われわれはすべての活動において他の専門化された制度の世話になることを求めるようになる。一たび独学ではだめだということになると、すべての専門家でない人の活動が大丈夫かと疑われるようになる。学校においてわれわれは、価値のある学習は学校に出席した結果得られるものであり、学習の価値は教えられる量が増えるにつれて増加し、その価値は成績や証明書によって測定され、文書化され得ると教えられる」[01/80]

専門機関（学校）と専門家（免許をもった教育者）が生まれることで、学習の一つひとつがカリキュラム化し、学力が測定可能なもの（不可・可・良・優）として取り扱われる。そのなかで一定のポイントを稼ぐことができれば学位や卒業証書が授与される。しかし、そのプロセスが制度化され普及していくと、「独学」一般が怪しくなってしまい、人は学校でしか勉強しなくなる。あるいは、学校的な評価の枠組みにウケる勉強しかしなくなる。

学習のための専門機関が、学習の機会を公式の名のもとに独占することを通じて、逆に様々な学びの自発性や活力を奪ってしまう。専門機関が認めてくれないと途端に無気力になってしまう。ちょっとした制度中毒みたいなものだ。これが逆生産性の議論である。

けれども、学校から距離のある在野研究者は、その学びの姿勢を通じて、学校的制度化のプロセスに対して批評的になることが期待できる。在野研究者の多くは、学校（学者）が認めてくれるから研究するのではない。やりたい（やるべきだ）から、勝手に勉強し勝手に発表する。

このように考えてみたとき、一口に教育者といっても、既存の学校的枠組みからはハミ出る在野研究者にあっては、たとえば学校も試験も教員免許も無視した、在野固有の教育法が生じたとしても決して不思議ではない。

京都学派の哲学者だった土田《つちだ》杏村《きょうそん》は大学に就職しなかったが、大正期に学問の中央集権性を打破するため信州に自由大学をつくった。「生涯に渡って、フランスの伝統的な大学制度の門外漢」[02/96]だったジャック・デリダは市民の誰もが参加できる国際哲学コレージュ（Collège international de Philosophie）を立ち上げた。

無論、単にその試みを礼賛するのではない。勝手な知識を勝手な仕方で勝手に教えることが、常に良い結果をもたらすとは限らない。しかし、教える者であれ学ぶ者であれ、何らかの理由で既存の大学に依って立つことができないとき、在野的教育の可能性は良かれ悪しかれ不可避的に問われてくることになる。

ホッファーの「知識人は傾聴してもらいたいのである。彼は教えたいのであり、重視されたいのである。〔中略〕無視されるくらいならむしろ迫害を望むのである」〔03/2〕という言葉に細心の注意を払いながらも、先ずは小中学校の先生をしながら地理学研究を進めていた三沢勝衛を取り上げよう。

地元に根づく研究者

ルクリュ（本書P.163）のような在野の地理学者が日本にもいた。それが三沢勝衛である。ただし、三沢はルクリュと違って、世界中を旅したのではなく、生まれ故郷の長野県（信州）から外に出ずに、地元の小中学校の教諭をしながら自分の生活する土地を主たる研究対象にして学びつづけた研究者だった。

同じく、鉱物学者の保科百助《ほしなひゃくすけ》も地理学者の八木貞助も、長野の学校の先生をしながら在野で研究活動を進めていたことは注目していい。

さて、本題は三沢勝衛である。三沢は長野県山村の農家の長男として生まれた。中学校を卒業した彼は、小学校の教員を志望していたが、父の願いもあって農家の跡を継がなければならなかった。

さて、どうするか。一八歳の青年は父親の反対を押し切り、一人前の百姓の仕事だけは必ず果たすという約束のもと、百姓仕事と並行して小学校の補助代用教員をつとめることにしたのだ。その小学校教員時代は一六年間つづく。その期間中に、三沢は教員検定試験を着実に合格し、教員として成長していった。

三沢は血の気が多く、郡長や校長とよく争った。その性格を懸念した友人は彼に文検を勧めた。文検とは、文部省主催の中等学校教員資格試験のことである。小学校教員にとって、出世の登竜門だったが、同時にそれは狭き門でもあった。三沢はそのアドバイスに従い、地理科を受験。一発で無事合格した。

三沢は同じ試験を二度受けることはなかったというほどテストに強かった。それ故、当時彼は「試験王」[04/2]と呼ばれたそうだ。

三沢の基礎学力は、こういった受験勉強のなかで育まれていったようにみえる。小学校教員時代、時間を大切にせよと説いていた三沢は、自身もその教えに忠実で、授業間の一五分休憩は本にかじりつき、夏休みは一日一五時間を試験勉強にあてた。給料の三分の一は書籍代に消えた。

中学校教員時代

学校では「大八車」[04/5]と渾名された。大八車とは、江戸時代によく用いられた荷物運搬用の木製人力荷車である。沢山の本を包んだ大風呂敷を抱え走るように歩く三沢の姿が、まるで「車」のようにみえたのだ。もちろん、早足なのは時間が惜しいからだ。

中学の免状を取得した三沢は、いっとき長野中学から招かれたものの、小学校の方に専念したいという理由で誘いを断っている。彼が中学校教員となるのは、一九二〇年、諏訪中学校に赴任したときだ。三五歳、初めて地理科の専任になった。

この頃から三沢の地理学研究は本格的に始まっていく。諏訪の土地でのフィールドワークによって一九二二年に書き上げたのが、最初の論文「諏訪製糸業の地理学的考察」であり、これは『地理教材研究』に発表される。

それだけではない。三沢は諏訪中学校に着任してから、太陽黒点を、毎日三〇〜四〇分の時間をかけて観測した。それは一〇年以上も続いた。その観察報告は、中央気象台（藤原咲平）、京都帝国大学（山本一清）、朝鮮総監督府（米田源一）などの関係研究者に送られた。山本一清を介してそれらは学会で公表され、公式のデータとして多くの天文学者が利用できるようになった。当時はまだ天文台でも長期継続観測を行っていなかったため、そのデータは貴重なものだったのだ。

けれども不幸なことに、その熱心さが災いして一九三四年に三沢は左目を失明し、以後は観測を中止することを余儀なくされた。まさに渾身の研究。

寺田寅彦に相談する

三沢はアカデミシャンと頻繁にコンタクトをとった研究者だった。そのなかに夏目漱石の弟子にして随筆家としても活躍した、物理学者の寺田寅彦がいた。

三沢の寺田宛の書簡は残っていないが、『寺田寅彦全集』を読むと、最初に三沢勝衛が登場するのは、一九二一年一二月九日、ちょうど三沢が処女論文を発表する直前のことだ。そこでは「気象天文の方を御研究の由此上《よしこのうえ》もなき結構の事と存じます、就《つい》ては御尋ねの件不取敢《とりあえず》左に申上げます」〔05/303〕というように、三沢が寺田に質問をしているのが伺える。その内容は、雲や気流といった気象学の研究に関するものだった。

寺田の助力はそれだけではない。一九二四年になると、「御調査の抄録を頂戴して学研輯報《しゅうほう》に採録致度《いたしたい》と存じます〔中略〕邦文で御認め被下《くだされ》ば当方にて英訳致させます」〔06/130〕と、専門誌での発表の機会を与え、英訳の労を請負う。

その学恩があってか、「寺田博士の名著「万華鏡」」〔07/100〕、「今は故人となられた寺田寅彦博士も」〔07/200〕など、三沢の文章にはしばしば寺田の名が登場する。

在野研究の心得その三一、専門家とコンタクトをとってみよう。在野研究者といっても色々なタイプがいるのだから、それと同じく当然、一口にアカデミシャンといってもその中身は様々だ。先入見的に在野を毛嫌う者もいれば、所属関係なく同じ学者として相談に応じてくれる者もいる。専門分野で分からないことや質問があれば、物怖じせず積極的に聞いてみよう。どうせ失敗しても、陰で馬鹿にされるくらいで済むのだから余り気に病むことはない。

地理学と教育

三沢は単なる地理学者であったのではない。彼は同時に、地理教育者ともいうべき、地理学と教育思想の統合によって、実学としての地理教育論を完成させようとしていた。三沢は次のように書いている。

「由来私の地理教育は、単に地理科の為の地理教育ではなかつた。それよりも教育の為の地理教育であつた。否、文化向上へのその一石にもとの微力でさへもあつた。従つて本書に依つても、単に学校教育だけではない。更に全社会の教化をまで考慮し念願して居るのである」[07/7-8]

三沢にとって地理学とは実学であり、決して机上の空論ではない。人々は地域のなかで生まれ育ち、気づかぬうちに地域ごとの特色に浸かって生活するようになる。その地域性の特徴の把握は、その土地に住む人々の生活に直結する。

たとえば、信州の鬼無里《きなさ》地方では、夏、大麻栽培が大きな地方産業となっている。そこには地域固有の地理性がある。つまり、大麻を加工して麻糸を生み出すには、冬にいったん冷温で凍結させ、日光で溶解させる操作が必要であるが、信州に訪れる大陸高気圧はその操作にとって極めて便宜的なものとして機能する。土地と産業との相性がいいのだ。

しかし、土地に対する無知はこのような特徴（＝制約）を無視して、開発を進めてしまう傾向にある。これに歯止めをかけるには、地理学的教育しかない。教えを受けた子供たちは、やがて大人になり、社会の成員の一員となる。そのとき、地理学的発想を身につけた知性は地域的特性を尊重しながら社会を再生産していく。

学校と社会は対立しない。三沢にとって、地理学の教えとは、ある地域で生きる人間にとっての効率的な術であると同時に、現実に世の中を変えていく（また変えていかないようにする）社会運動でもあった。

「野外」教室

体験を重視した三沢教育論は、必然的に学校の教室よりも「野外」観測の重要性を説くことになる。「地理的教養を持つためには、何をおいても、先づ野外に立ち、その野外を凝視するといふ事が最も大切な作業である」［07/45］。

また、それは、旅人ではなく郷土人（地元民）によって観測されることも大事だ。「郷土地理の研究は特にそこの郷土人に俟つところの多い、否時にはそこの郷土人に依るのでなければ殆ど不可能でさへあるかと思はれる」［07/111］。三沢が信州から出なかったのも、最適な研究のフィールドこそ自分の住む地域であることを悟っていたからに違いない。

在野研究の心得その三二、地方に留まるからこそできる研究もある。情報センターとしての都市東京を痛感していた谷川健一に逆らって、三沢の地理学は体験を重んじ、地元民の習慣や肌感覚を言語化しようと努める。この態度に学べるところは大きい。

三沢にとって最大の学校は「野外」にある。教室のなかの模型や地図など役に立つはずがない。外に出て自分の頭で考えなければ地理学は身につかない。三沢の教え子であり、かつ三沢と同じく在野の学者（考古学）になった藤森栄一は、ノートをとっていると怒り出す三沢勝衛の姿を点描しているが、それも体験重視の教育思想から溢れ出た言動だ。

「お前ら何を書いている。馬鹿者。こんなことは、教科書にみんな書いてある。馬鹿は後でそれを見ればいいんだ。いまはナ、お前ら、どう考えればいいか、自分で考える時間なんだゾ。人の言ったことや考えたことをノートして、いったいなんになると思うんだ。馬鹿もの」［08/15］

……いや、さすがに馬鹿馬鹿言い過ぎだろ！

「風土」とは大地と大気の接触面

三沢は地理学的対象を細分化して分析することを批判する。地球は有機的全体として存在するからだ。それを象徴するのが、一九三二年頃から用いられ始めた彼の「風土」概念だ。「風土」といえば哲学者の和辻哲郎が有名だが、同時並行的に三沢の「風土」論が構想されていたことは見逃せない。

「地理学は、私の持論からは、そこの風土、即ちそこの大地の表面と大気の底面との接触からなるその接触面を中心に、その面の性質を究明するのを使命として居るのであるから、既にその研究対象には面即ち拡がりを持つて居るわけである」〔07/153〕

「風土」という言葉は風（大気）と土（大地）でできている。どちらか一方だけ詳しくても、その地理を適切に把握したことにはならない。風と土のインターフェイスでこそ、人も、人間をふくめた生物は暮らし、作物が拵《こしら》えられ、産業が存立している。

たとえば、杏の実りが悪いと、農民はしばしばその原因を土に帰す。しかし、湿気が多すぎると杏が病害に陥りやすいことを知っていれば、つまり大気との接触現象として捉えることができれば、その風土に合った農業（たとえば杏ではなく梅を植えるべき）を選択することができる。

宮坂広作はこの「風土」概念に、「学校教育のカリキュラムがもつ限界、つまり分科主義」を克服する、「ホロニスティックな見方」を読み取っている〔09/33-34〕。三沢に学んだ地理学者の矢沢大二は、三沢論文は「土壌学・農学・林学・植物生態学」〔10/12〕など多分野から知見を吸収していると指摘するが、それはその包摂的な問題意識があったことに由来しているといえよう。

教師の優位性

「由来教育といふものは教へるのではなく学ばせるのである。その学び方を指導するのである。背負つて川を渡るのではなく、手を曳いて川を渡らせるのである。〔中略〕従つて、地理科に於ても地理的考察力の訓練を重視するのである。即ち地理的知見の開発だけではない。更にその性格迄も陶冶し、自律的に行動し得る様にまで指導する、過分に感情及び意志に対して迄も深い交渉を持ち掛けて行くべきものである。要は魂と魂との接触でなくてはならないのである。否、共鳴でなくてはならないのである」〔07/18〕

三沢の教育論は基本的に熱い。というか、熱苦しい。学校の先生に「性格」とか「意志」とか、ましてや「魂」なんかに口出しされたくないよ、接触は風土だけでマジ勘弁、などと思わないでもない。だが、少なくとも彼の研究が後世に残っていく過程には三沢が学校の先生であったことの意味は大きい。

というのも、三沢は五三歳のときに胃ガンで他界し、早すぎる死を迎えたが、没後、様々な形で三沢の業績は編集され復刊されている。在野研究者であるにもかかわらず、二度も著作集が出ている（一九七九年、二〇〇九年）。これら作業に間接的直接的に協力したのが、彼が中学時代に教えていた教え子たちだった。地域の雑誌で特集を組めば、やはり何人もの元生徒が回想記を寄稿している。

三沢の教育学の成果は、研究成果そのものを伝達し、保存する人材をも育てていた。学校に所属しながら、教育と研究を学校の外までに開いていく点に、三沢勝衛という研究者の刮目すべき生き方がある。

【引用文献番号】


01…イリッチ『脱学校の社会』、東洋+小沢周三訳、東京創元社、一九七七。

02…西山雄二「哲学、教育、大学をめぐるジャック・デリダの理論と実践」、デリダ『条件なき大学』収、西山雄二訳、月曜社、二〇〇八。

03…ホッファー『波止場日記――労働と思索』、田中淳訳、みすず書房、一九七一。

04…三沢春郎「三沢勝衛略伝」、『三沢勝衛著作集』月報第一号収、みすず書房、一九七九。

05…寺田寅彦「三沢勝衛宛書簡」(一九二一年一二月九日)、『寺田寅彦全集』第二六巻収、岩波書店、一九九九。

06…寺田寅彦「三沢勝衛宛書簡」(一九二四年一一月五日)、『寺田寅彦全集』第二七巻収、岩波書店、一九九九。

07…三沢勝衛『新地理教育論――地方復興とその教化』、古今書院、一九三七。

08…藤森栄一『信州教育の墓標』、『藤森栄一全集』第六巻収、学生社、一九八〇。初版は学生社、一九七三。

09…宮坂広作『風土の教育力――三沢勝衛の遺産に学ぶ』、大明堂、一九九〇。

10…矢沢大二「三沢勝衛先生とわが国の地理学」、『三沢勝衛著作集』月報第一号収、みすず書房、一九七九。

領域を飛びわたれ

小室直樹（こむろ・なおき　**1932-2010**）社会科学者。専門分化した諸学をマスターし、社会科学の統合的な理論構築を目指した。パーソンズの構造・機能分析をより合理的な仕方でモデル化した。また、ソ連の崩壊を科学的に予言したことで注目を浴びた。主著に『危機の構造』、『ソビエト帝国の崩壊』など。著書多数。

小室直樹略年譜

1932 9月9日、東京世田谷区にて誕生。

1945 会津中学校に入学。

1951 京都大学理学部数学科に入学。授業料は免除。育英会の奨学金とアルバイトとで生活。

1955 京都大学卒業。大阪大学大学院経済学研究科に入学。指導教官は市村真一。

1959 第二回フルブライト留学生としてアメリカへ渡る。マサチューセッツ工科大学大学院とハーバード大学大学院で、サミュエルソン（経済学）、スキナー（心理学）、パーソンズ（社会学）などの各分野の一流の学者から教えを請う。

1962 夏、アメリカから帰国。専攻を経済学から政治学・社会学に変更したため、市村から破門される。

1963 東京大学大学院法学政治学研究科博士課程に入学。指導教官は丸山眞男、つづいて京極純一に交代する。

1966 富永健一の紹介で「社会動学の一般理論構築の試み」を『思想』に連載開始。

1968 「社会科学における行動理論の展開」を『思想』に連載開始。70年に第11回城戸浩太郎賞受賞。

1972 川島武宜によって『法社会学講座』（岩波書店）の執筆者に迎えられる。博士号（法学）取得。博士論文は「衆議院選挙区の特性分析」。

1976 処女著作『危機の構造——日本社会崩壊のモデル』（ダイヤモンド社）を刊行。以降、狭義のアカデミズムからジャーナリズムの世界に活動のフィールドを移す。

1980 『ソビエト帝国の崩壊——瀕死のクマが世界であがく』（光文社）を刊行。ソ連崩壊を予言し大ベストセラーになる。

1981 『新戦争論——〝平和主義者〟が戦争を起こす』（光文社）、山本七平との共著『日本教の社会学』（講談社）を刊行。

1989 淑子と結婚、以降彼女がマネージャーとして仕事を管理。

1996 『小室直樹の中国原論』（徳間書店）を刊行。以降、より啓蒙的な「〜原論」と題する著作のシリーズが刊行される。

2001 『痛快！ 憲法学——アメージング・スタディ』（集英社インターナショナル）、『数学嫌いな人のための数学——数学原論』（東洋経済新報社）を刊行。

2006 弟子の橋爪大三郎の推薦で東京工業大学世界文明センターの特任教授に就任。

2010 9月4日、心不全によって死去。享年、77歳。

小室直樹と教育、というと、頭のイタイ事件が思い返される。一九七〇年代後半、生活指導中に多数の死亡者・行方不明者を出した愛知県の戸塚ヨットスクール事件である。小室はそこの創設者兼校長であった戸塚宏を積極的に擁護していた論客の一人だった。

小室は家庭内暴力の原因を、社会学者デュルケムに由来するアノミー（無規範）に求めた。他者と共有可能な服従すべき規範を喪失したその危険な状態に対して、強力な縛りを与えるのに、戸塚のスパルタ教育をもち上げたのだ。

「戸塚宏を文部大臣にしろなんて叫ぶと狂人だと思われる。／まして、子どもの二人や三人、死んだって何だ。教育ママの一〇万人も殺す必要があるなんて発言すると、本気の発言として受け取ってもらえない」［01/78］

実に頭のイタイ言説だが、他方で教育者としての小室の真価は、時事的な発言のなかでというよりもむしろ日々の実践のなかで発揮されたようにみえる。橋爪大三郎、大澤真幸、副島隆彦、宮台真司など、ユニークでアクの強い学者たちを育てた小室ゼミのことだ。

小室は東大の院生だった一九六〇年代の半ばから、後進の求めに応じて自主ゼミを開いていた。それが習慣化し、幾度か場所を変えながらも、長期間つづく私塾として成長していった。しかも、そこでは紙面上での好戦的態度とは異なり「学生を褒める。あるいはこう言い換えると、おだてる」［02/101］ことを基調にした教育を行っていたといわれる。

ゼミの中身は基本的に受講者の希望と必要に合わせて、理論経済学、数学、法社会学など分野を問わず小室が伝授していく形式をとっており、「誰がどんな意見を持っていようと、まったく気にせず、公平に扱った。〔中略〕小室ゼミは開かれた自由な、純粋に学問的な研鑽の場という雰囲気があふれていた」〔03/18〕という。

スパルタなのはむしろスケジュールの方で、朝の九時から始まり夜の九時まで一二時間、ノンストップで講義した。

しかしながら、多くの学生たちは何故に小室ゼミに魅了されていったのだろうか。ひとつにはその類まれなる小室の天才性が挙げられるだろう。

目指せ第二のノーベル賞学者

小室の神童エピソードは少し探すだけでゴロゴロ転がっている。中学生の頃の愛読書は高木貞治の『解析概論』だったり、既に微分積分を理解していたりと、なかなかの逸話の持ち主である。また、東京に生まれながらも、幼い頃に父を亡くしたことで会津の地で育てられた彼は野口英世の再来とも呼ばれていたようだ。

「湯川〔秀樹〕さんがノーベル賞もらって、野口英世の名声が少し落ちた。会津人としてはそれが面白くないんですよ。で、高校の先生がいうことには、『お前京大で理論物理をやって、ノーベル賞を取ってこい』」〔04/155〕

で、実際に京都大学に入ってしまうのだから驚きだ。副島隆彦は領域横断的な小室の博識を「小室百学」〔05/254〕と表現したが、「百学」に達する小室の学問道は最初、数学から始まったことは留意していい。小室はのちに、『数学嫌いな人のための数学』のような本も書き、数学教育の重要性を訴えることになる。

それにしてもなぜ、数学なのか？　本人曰く、「敗戦が悔しくて、原爆以上の兵器を作ってアメリカに攻めていってやれと思った。で、物理学をやるために数学を志したんです」［06/64］。昭和ひと桁年代生まれ、少年期に刻まれた敗戦の雪辱をどう果たしていくか、これが小室の根本的な動機づけとなっている。

各分野の学者に弟子入り

しかし、数学（物理学）志望は途中から経済学へと転向する。京大の二回生のとき、ヒックスの『価格と資本』を読んで感動し、「そう簡単に原爆を作って戦争などできるものじゃないとわかって、むしろ、社会現象を理解するために、社会科学を勉強しようと思った」［06/64］のだ。

そんな溢れんばかりの情熱を受け止めるに足る師が二人いた。一人は、経済学の市村真一であり、彼はヒックスの本の日本語版序文を書いていた。その文章を頼りに小室は市村の私宅を勝手に訪ね、見事、弟子入りを果たした。

京大卒業後はさらに本格的に経済学を学ぶため、市村のいる大阪大学大学院に入学する。そこで森嶋通夫や高田保馬など、一流の経済学者にしごかれた。彼らに加えて、もう一人の大きな師というのが、市村の推薦でアメリカ留学した先に待っていたマサチューセッツ工科大学のポール・サミュエルソン（Paul Anthony Samuelson, 1915-2009）である。

二九歳の若さでハーバード大学の教授に就任し、難解で知られるケインズを合理的かつ平易に読み解いたことで知られるこの大学者に師事することで、小室は最新の理論経済学を学ぶことができた。

市村に弟子入りし、サミュエルソンに弟子入りし……と、もうお分かりのように、小室の勉強法の極意は、個々の分野で活躍するもっとも正統的な学者に直接師事する（私淑する）ことにあった。橋爪大三郎は次のように述べている。

「小室博士の特徴は、その分野の第一人者を見るや直接に教えを受けようと、弟子か学生となり、その学問の本質をつかみ取ろうと実行に移すこと。もしも、直接教えを受けることがかなわなければ（相手が死んでいるなど）、その学者の書物を読み、繰り返し読み、あたかも面前で教えを受けているかのようにその内容を体得しようとつとめる」［03/9］

心理学はスキナー（Burrhus Frederic Skinner, 1904-1990）に、帰国後、政治学は丸山眞男に、法社会学は川島武宜に、文化人類学は中根千枝に、社会学は富永健一に……と、師匠の数はハンパない。小室の領域横断的な天才は、このフットワークの軽さに由来している。

在野研究の心得その三三、羞恥心は研究者の天敵である。

パーソンズの構造-機能分析

もう一人、アメリカで出会った重要な学者がいる。社会学者のタルコット・パーソンズ（Talcott Parsons, 1902-1979）である。彼から学んだ構造-機能分析によって小室初期の主要な業績は生まれた。「社会動学の一般理論構築の試み」（『思想』、一九六六年）や「社会科学における行動理論の展開」（『思想』、一九六八～六九年）などがそうだ。経済学から理論社会学への移行もパーソンズの存在なしには考えられない。

では、「構造-機能分析」とはなんなのか？　論文「構造-機能分析の論理と方法」のなかで小室は四つの特徴を挙げている。第一に「相互連関分析」、第二に「制御分析」、第三に「構造分析」、第四に「構造-機能変動公準」である[07/16]。

このなかで一番重要なのが相互連関分析だ。社会現象は全てが全てに関係する複雑な関わり合いでできている。要素のひとつだけを取り出して社会を理解することは難しい。相互連関分析とはだから単線的な因果関係ではなく関係の網の目を中心に考える思考方法を指す。これは経済学の一般均衡理論（多数の財と多数の経済主体からなるメカニズムを科学的に分析する方法）と極めて近い発想をもっている。

そして、制御分析は、その複雑な関わり合いのなかで、ある目的を設定して、その実現のプロセスの観点から社会現象を説明するという方法だ。また、関わり合いのなかで生じるある変化が別の変化を生み出す関係性の型（関数）のことを構造というが、その構造を、変化しやすさの度合いに注目していくつかの層に分けて考えるのが構造分析。最後に、その構造の交代（変動）の条件を考えるのが構造‐機能変動公準だ。

ルンペン学者の誕生

帰国後、勝手に専攻を変えた小室は市川に破門され、仕方ないので東京大学大学院に入った。そして機能‐構造分析をより洗練されたかたちに更新するための論文を量産する。その量、尋常ではない。小室は論文マシーンと化す。博論も、「衆議院選挙区の特性分析」という実に堅いテーマで博士号をもらっている。

にもかかわらず、小室は卒業後も大学に就職できず、アルバイトで食いつなぐことになった。元祖ポスドク、元祖ワープアである。なぜそのようなことになったのか。小室自身はあるシンポジウムのなかで次のように発言している。

「五〇本書いてもごらんのとおりルンペンだ。理由は簡単で、方法論と学問基礎理論と実証をやったから。社会科学の場合には、本人自身の感覚が問題なので、それがなければ、おまえは問題意識が狂っている、政治学なんかやる資格がないという。問題意識なんてどうしても主観が入るものだから、あいつの問題意識はなっていないといわれればそれまでなんです。方法論や理論は権力をもって弾圧される。実証はわずかに許されるというわけで、新しい学問をやる人はルンペンにしておく。はっきりいうと、いまの日本の大学はナチスや軍国主義者以下である」［08/54］

たしかに、論文五〇本も書いて就職できないとなると、なかなかどうして、愚痴の一つや二つもいいたくなるものだ。

小室の推測が当たっているのかどうかは知らない。小室の師の一人でもあった川島武宜は「他人を批判するのに実にシンラツで、グーの音も出なくなるまでやる。アメリカじゃ普通だが日本じゃダメですよ」［04/156］と説明した。様々な記録を読んでみると、なるほど、そのような要因も否定できないようにみえる。

領域を横断せよ

すべての学問に知悉すべきという小室が示した態度は、全てが全てに関連しているという相互連関分析に深く結びついている。これが専門分野というタコツボ化しやすい制度で成り立つ大学にうまく受け入れられなかったことは明らかだ。

「私のような一本にしぼらない学問は日本の学界では不利なんですね。狭い世界で、人脈が優先する日本の学界は世界最低なんですよ。もっと正確にいうと、日本には大学がないんじゃないか。大学というのは、誰にでも自由に利用できるところでしょう。一例として、大学図書館は、学外者には自由に利用できないでしょう。こんな図書館なんてあるものか。

大学じゃなくて国民学校だ」〔06/66〕

在野研究の心得その三四、専門領域に囚われるな。在野研究者は専攻を選択して専門の論文を提出しなければならないわけではない。専門知は同時に視野狭窄《きょうさく》につながることもある。自分の専門に執心しないでいられる自由さは在野の学者の大きな利点である。

大学の価値とは役立たない価値

ちなみに、先にも引用した「東大は解体すべきか」というシンポジウムでは興味深いやりとりが交わされている。東大解体論を唱える地質学者の生越忠にケンカを売る小室は、東大がなくなってもその権威に相当するものが代替するだけで、根本的な解決にならないと主張して孤軍奮闘している。小室は機構の改革よりも草の根的な活動の方を評価する。曰く、「機構を変えることよりも、下からの力の積上げで盛り上がる力を一歩一歩積み上げていく、むしろそっちの努力の方に興味がある」〔09/57〕。無論、このような関心は既に始まっていた小室ゼミの活動に直結しよう。

また、小室は学問有用論にも反対している。植木屋は仕事に役立たないから大学になど行くべきではないのか？　小室は否という。

「大学は、まったく役に立たないところに値打ちがあると思う。昔の番頭さん、小僧さん、このたたきあげの苦労人は、これが社会の慣習だとかなんだとか、あたかも自明のごとくいうでしょう。だから苦労人のお説教は決まっていて、世の中はそういうもんじゃねえよとくるわけ。そこには規範と存在が無媒介的に混入しているわけ。そうじゃなしに、社会に対して距離をおいて見るとか考えるとかいうことはグータラグータラむだな時間を持たなかったら絶対できない」〔08/48〕

ルンペン哲学ここに極まる。大学は物事に対して「距離」を提供するものだ。そうでなければ、人々は有用性や喫緊の課題に追われ、規範（であるべし）と存在（である）を混同してしまう。それを回避するためには、ルンペン的「グータラ」、野村隈畔流にいえば「ゴロ〳〵」が必須である。

アカデミズムからジャーナリズムへ

一九七六年、四四歳になっていた小室は現代日本の構造的無規範（アノミー）を分析した『危機の構造』を出版する。これは前々年に毎日新聞主催の懸賞論文「日本の選択」に応募して入賞した論文を中心に再構成したものである。二万部売れた。

この成功によって、年収一〇〇万円程度で暮らしていた極貧のポスドク生活から、とりあえずのオサラバができた。

「人間はいまどき百万円あれば生きていける。それ以上のカネは絶対に使わない。年百万。研究費は別ですよ。だから、月十万円以下で切り上げている。／だってね、下宿の藤美荘（東京・練馬）の家賃が二万円でしょ。管理費は昔から千円。あとは電気、ガス、水道代ね。どのくらいかかるのか、そういうことは知りません。半洋式です。六畳ぐらいの部屋が一つ」〔10/70〕

収入の方は小学校の夜警や家庭教師で稼いでいた。ただし、家庭教師といっても、ただの学生相手ではない。「大学教授が生徒。いまの大学教授というのは低脳かつ阿呆でしょ」〔06/66〕。大学に就職する気などもはや皆無である。

しかし、小室はアカデミズムからジャーナリズムへと活動の場を移しても、決して生活水準を上げようとはしなかった。小室の名を一躍有名にしたベストセラー『ソビエト帝国の崩壊』は五〇万部売れ、これによって彼の収入は一時「二千万円から三千万円」〔10/73〕という状態にまでなり、印税でマンションを購入する。だが、マンションは小室ゼミの教室として用いるだけで生活の場としては使わなかった。

初期ハーバードに関して、サミュエルソンは小室に「丸太の向こうの端に先生を坐らせ、こっちの端に私を坐らせれば、それが最高の大学である」〔11/200〕と語ったそうだが、小室ゼミもまたその場所を転々としながらも、万人に開かれた「最高の大学」として多くの人々を受け入れた。

インターディシプリナリーの条件

小室は学問のインターディシプリナリー〔学際的協力〕に関して、専門家同士が連帯するのではなく、ひとりで全てこなすという計画を推奨していた。

「インターディシプリナリー〔学際的〕ということは、経済学の専門バカと心理学の専門バカとが協力するということではありません。〔中略〕経済学者であると同時に心理学者でもある——そういう人であることが必要なのです。経済学で一人前の域に達した人がもういっぺん、心理学を初歩からやりなおす。そういうトレーニングがあってはじめてインターディシプリナリーが可能になるのです」〔12/86-87〕

無論、これは小室自身の研究生活を振り返ったものだ。「もういっぺん」「初歩からやりなおす」。「小室百学」はその繰り返しのなかで生まれた大きな財産だ。

その「初歩」意識によって鍛えられたためだろうか。小室の文体は年を経るにつれて、アカデミックな硬さが消え、より啓蒙的に洗練されていった。とりわけ、一九九六年の『小室直樹の中国原論』以降の〈〜原論〉シリーズの読みやすさは、アカデミズム時代の文体を知る者にとっては衝撃的な大変身を遂げている。

学び直しの連続のなかで小室は成長していった。いつまでもビギナーであること。それが、ひとりで全部やる、という学校制度に飼い慣らされた者にとって到底不可能に思える計画への挑戦心に転化する。

在野研究の心得その三五、簡単に自分で自分の限界を設けないこと。専門領域をより深く探究していくことはもちろん大切だ。けれども、別の領域の入門者の視点を身につけることで、自分が既知としていた専門の風景も大きくさまがわりすることがある。小室の遍歴の入門精神は、大きな武器として学問的にも実生活的にも彼の身を救った。多くの学生を引きつけたのもそのあくなき探究心に由来するのかもしれない。

ある日の小室を、宮台真司は次のように回想している。

「私が覚えているのは、ある日、小室先生が泥酔してお越しになって、ジェファーソンの独立宣言を英語で暗唱された後、玄関から出て柵から下に立小便を垂れたこと。柵の下は中庭で駐車場になっていたので、車の上に小便が降り注ぎました。橋爪先生が「こんな小室先生は嫌いだ」とおっしゃって、すたすたとお帰りになったと記憶しております」［13/122］

ああ、小室直樹よ、永遠なれ！

【引用文献番号】

01…小室直樹『親子関係は親分と子分だ――息子（娘）に脅える親に告ぐ』、ベストセラーズ、一九八四。
02…盛山和夫発言、「小室博士と現実世界」（シンポジウム）、橋爪大三郎編『小室直樹の世界――社会科学の復興をめざして』収、ミネルヴァ書房、二〇一三。

03…橋爪大三郎「小室直樹博士の学問と業績」、橋爪大三郎編『小室直樹の世界──社会科学の復興をめざして』収、ミネルヴァ書房、二〇一三。

04…「『博士号を持つ夜警サン』が書いた懸賞論文」、『週刊文春』、一九七五・三・五。

05…副島隆彦発言、「小室博士と現実世界」（シンポジウム）、橋爪大三郎編『小室直樹の世界──社会科学の復興をめざして』収、ミネルヴァ書房、二〇一三。

06…「データバンクにっぽん人　第一一三回　小室直樹（四八歳＝社会科学者）」、『週刊現代』、一九八〇・一〇・二。

07…小室直樹「構造 - 機能分析の論理と方法」、青井和夫編『社会学講座』第一巻収、東京大学出版会、一九七四。

08…「東大は解体すべきか（下）」（シンポジウム）、『エコノミスト』、一九七五・五・一三。

09…「東大は解体すべきか（中）」（シンポジウム）、『エコノミスト』、一九七五・五・六。

10…「行くカネ来るカネ　小室直樹」、『週刊文春』、一九八五・九・二六。

11…小室直樹『日本国憲法の問題点』、集英社インターナショナル、二〇〇二。

12…小室直樹「わたしの学問の方法論」、「知的生産の技術」研究会編『わたしの知的生産の技術 PART1』収、講談社文庫、一九八六。

13…宮台真司発言、「小室博士の学問世界」（シンポジウム）、橋爪大三郎編『小室直樹の世界──社会科学の復興をめざして』収、ミネルヴァ書房、二〇一三。

【引用しなかった参考文献】

・橋爪大三郎＋副島隆彦『現代の預言者・小室直樹の学問と思想——ソ連崩壊はかく導かれた』、弓立社、一九九二。
・村上篤直「小室直樹文献目録」、http://www.interq.or.jp/sun/atsun/komuro/index.html。

第七章

何処であっても、何があっても

好奇心が闊歩する

南方熊楠〈みなかた・くまぐす　**1867-1941**〉　民俗学者・博物学者。粘菌研究者としても有名。〈歩く百科事典〉との異名をもち、興味の赴くまま自然や風俗を研究した。その領域横断的思考の足跡は、今日、総合的思想家として高く評価される。主著は『南方随筆』。

南方熊楠略年譜

1867　4月15日、和歌山県和歌山市にて誕生。次男。父親は金物商。
1883　和歌山中学を卒業。上京し、翌年に東大予備門に入学。
1886　期末試験の点数が足りずに東大予備門を退学し、帰郷。
1887　アメリカ留学へと旅立つ。大学に所属しない独学の道を歩み始める。
1893　科学雑誌『ネイチャー』に、最初の論文「東洋の星座」が掲載される。真言密教僧の土宜法龍と出会い、書簡を交換し合う。
1896　ロンドン大学事務総長ディキンズと文通する。
1897　ロンドンで亡命中の孫文と会う。
1899　『ノーツ・アンド・クエリーズ』に初めて論文が掲載される。
1900　10年以上の留学を終えて帰国。菌類彩色図譜の作成を始め、死ぬまでつづける。
1903　英文論文「燕石考」完成。
1904　田辺に移住。日本国内の雑誌に初めて投稿記事が掲載される。
1906　田村松枝（当時28歳）と結婚。
1907　長男の熊弥誕生。
1909　神社合祀反対運動を展開する。
1911　柳田国男と往復書簡を始める。長女の文枝誕生。
1916　新種の粘菌を発見し、1921年に学名〈ミナカテラ・ロンギフィラ〉が名づけられる。南方植物研究所の計画が持ち上がる。
1926　『南方閑話』（坂本書店出版部）、『南方随筆』（岡書院）、『続南方随筆』（岡書院）を刊行。
1929　昭和天皇を田辺湾神島に迎え、粘菌標本を献上する。
1941　12月29日、死去。享年、75歳。

小室直樹にとってアメリカ留学の経験は、本質的なものであった。社会科学を本場の専門家から学んだ小室にとって、そのまま海外で研究を究める道も選択肢としてないではなかったはずだ。実際、小室にはいくつかの英語論文もある。

橋爪大三郎曰く、「小室博士はアメリカに渡った。そこで活躍できたはずなんですけれども、戻ってきた。これがひとつの選択です」[01/168]。では、その「選択」の根本的な動機はなんだったのか。もっとも大きいのが、彼の愛国心だ。小室は元々、日本の敗戦から出発し、我が国がもう負けないためにはどうすればいいのかを徹底的に考え抜こうとしていた男だった。

グローバルに活躍できるにもかかわらず、祖国へと戻ってくるアエテの「選択」。ここに小室の最大の愛国心の発露をみることができるだろう。だが、見方を変えていえば、たとえ日本の大学がどんなに荒廃していたとしても、海外でも同様だとは限らない。自分のやっている研究の価値が自国で認められなかったとしても、あるいは自国で就職できなかったとしても、いったん外に出てみれば、別の需要が彼を迎え入れるかもしれない。

愛国心が特にないのなら、日本など早々に見捨て、海外に目を向けてみるのも決して悪くない選択肢だ。本来、知の世界は一国だけで閉じているものではない。**在野研究の心得その三六、日本の外に出ることを検討する**。広い視野をもつことは、閉塞感を打破して研究の志を絶やすことなく維持する秘訣でもある。

最終章である本章は、日本でよりも海外で第一に評価された元祖グローバル研究者に注目する。いまさら大学のグローバル化がどうのこうのなど遅すぎる。在野のもつフットワークは国境を飛び越え、世界を闊歩した。

在野のスターといえばこの人、谷川健一も独学者としてリスペクトしていた南方熊楠である。

前歯と愛国

少しばかり小室と南方の比較を。二人には二つの共通点がある。
第一に、どちらも前歯が欠けていた。週刊誌に出てくる小室の写真を見ると、なるほどたしかに、前歯がない。週刊誌がいうには「前歯2本が欠けている。スペインへ行った時、女をめぐって闘牛士のような男と決闘した記念」[02]だそうで、要は折られたらしい。しかし、南方も負けてない。
「予は十四歳の時より前歯四本なく、そのお隣りもみな入れ歯で、元三大師が顔を焦がして勉学せし例に倣い、婦女に惚れられぬように、前歯四本は入れずに置いた。もっとも米国へ渡る際ちょっと入れたが、拳闘を稽古して敲《たた》き折られ、面倒なりとて、売って酒にして飲んでしまうた」[03/13]
要は折られたらしい。そういえば、小阪修平も政治運動のなかで折られていた。在野研究者は前歯を折ってこそ一人前である。

と、どうでもいい豆知識はこれぐらいにして、本命の共通点に移ろう。愛国心だ。敗戦国日本への強いこだわりが小室の帰国を促した。同じく、外国で評価された南方も、決して愛国心をもってないわけではなかった。柳田国男と書簡をやりとりするなかで、柳田にコスモポリタン的だと挑発された南方は次のように返している。

「小生ほど愛国心の厚き者はなからん。キリスト教の真義を知らんためヘブリウ語まで学びしことあれど、生来一度もキリスト教礼拝堂に入らず、これがためどこの大学にも入ること成らず」［04/196］

南方は留学に行っても、学校に所属せず、全て独学で済ませた。そんな彼の「愛国」とは、具体的には西洋に学ぶ日本という学問の主従関係を否定することにあった。近代日本の特徴をなす学問の輸入精神は、海外のものがエライという、舶来品礼賛の権威的な態度でしかない。南方はそんな借物文化の手なしに、自分の足で立つことを要求した。

「学問智識は欧米人の専売にもあらず、その材料は日本にも随処充満し、外国よりもわが邦に研究の便宜多きもの至って多い。されば一足飛びに欧米の偉人と相馳驅《あいちく》するような大発明大発見は二代後十代後の子孫に期することとするまでも、いささかも国の令名を掲げ同胞の幸栄と改進を冀《ねが》わるるの人は、身分、職業等、外相の差別に頓着なく、例の下女の噂、芸妓の与奪など、和歌山県の官公吏が多くおのれの位置を忘れて熱心に恥を曝すようないかがわしきことに、十分なり二十分なり潰す暇があらば、これを自然の現象・動植物の観察、物理化学の実験等に応用されんことを切に望む」［05/59-60］

南方はいかなる権威も蹴っ飛ばす。下らないコンプレックスを感じてる暇があったら勉強しろ。西洋の学問機関はたしかに進んでいるところもあるが、それは「その機関さえ備わらばわれわれもできることなり」〔06/209〕。西洋人が先生で日本人が生徒？　そんなデタラメは南方熊楠が許さない。

こういったことをはじめとして南方は東大予備門を中退して以降、知の位階制度をことごとく批判して、己の道をひたすらに走りつづけた。

学校嫌いの勉強大好き

南方は和歌山中学校の一期生として入学した。この頃の小中学校は明治の新体制の下で新設されたばかりで、つまりは新時代の新しい教育を南方は受けることになった。しかし、その新体制は彼にとって余り意味をもたなかった。

「明治十二年に和歌山中学校できてそれに入りしが、学校にての成績はよろしからず。これは生来事物を実地に観察することを好み、師匠のいうことなどは毎々間違い多きものと知りたるゆえ、一向傾聴せざりしゆえなり」〔07/8〕

しかし、当然ながら、このような態度は、学問の素養の欠如を意味していたのではない。入学以前から南方は、自身がいうには「漢学の先生について素読を学ぶに〔中略〕一度師匠の読むを聞いて二度めよりは師匠よりも速やかに読む」〔07/8〕ほどのリテラシーを身につけていた。小室直樹と同じく、神童エピソードを探すときりがない。

このような自習癖は中学を卒業し、上京して東大予備門に入ったあとも変わらなかった。「ひたすら上野図書館に通い、思うままに和漢洋の書を読みたり。したがって欠席多くて学校の成績よろしからず」〔07/8〕。当然、そんなんだから学校は中退だ。

単身アメリカ留学へ

中退した南方は、地元の和歌山に帰る。そして、父親をなんとか説得してアメリカ留学を実行することになる。一〇年以上にわたる長い留学生活の始まりだ。しかし、異邦の地でも、やっていることは予備門の頃と大差ない。
「二十年にミシガン州の州立農学に入りしが、耶蘇《やそ》教をきらいて耶蘇教義の雑《まじ》りたる倫理学等の諸学課の教場へ出でず、欠席すること多く、ただただ林野を歩んで、実物を採りました観察し、学校の図書館にのみつめきって図書を写し抄《しょう》す」〔07/8〕
やっていることは本当に変わらない。
アメリカ時代の南方は、英語本の読書と生物採集（高等植物、地衣類、藻類、菌類）に意欲的に取り組んでいる。「日本の学者、口ばかり達者で足が動かぬを笑い、みずから突先して隠花植物を探索することに御座《ござ》候《そうろう》て、顕微鏡二台、書籍若干、ピストル一挺提帯罷《まか》り在り、その他捕虫器械も備えおり候」〔08/88〕。

このように南方は基本的には書物よりも己の足と眼を信用する。西洋人の書いた大部の本だからといってみだりに信じたりはしない。「学問は活物《いきもの》で書籍は糟粕《そうはく》だ」[05/57]。本など酒のかすみたいなもの。この態度は田舎（地方）研究者への擁護にも直結する。「ききかじり学問、いつでも暇あらばできるような学問は都会宜しく（プルタークは、学問は書籍館ある都会に限る、といえり）、実際多人未見未聞のことを新たに見出だし考え出だすには田舎も蔑《なみ》すべきにあらず。（スピノザは、書を読まず一生玉をみがきて業とし、自説のみ考え出だせり。今の仏国のピエール・ロチ、また一生書を読まず、仏国のアカデミー会員に挙げられしとき、ロチは読書を解せずと公言して他席を驚かせり。）」[06/217]

哲学者スピノザはレンズ磨きで生計を立てていたと伝えられるが、そして今日ではその生計説は否定されているようだが、ともかく、南方は三沢勝衛と同じく体験派で、現地で行う自然界の観察を大事とした。

『ネイチャー』に寄稿する

こうして五年間アメリカで生活した後、彼はイギリスに渡る。生活費は全て実家からの仕送りで食いつないだ。放蕩息子で何が悪い。だからこそ、南方は父親に深く感謝する。父の弥兵衛はただの金物屋で、特に学があるわけではなかったが、早くから南方の才能に気づき、学資の提供を惜しまなかった。「この亡父は無学ながらも達眼あり」[07/11]。

南方はある書簡で「金銭を他に仰ぐようなやつにろくなものはなきなり。志あらば八百屋の小ばたらきし、酒屋の帳面つけ、銭こしらえてでも、紙や筆はできるなり」〔09/169〕などと述べているが、南方自身はそういうわけでわりと「金銭を他に仰ぐようなやつ」気味である。

ともかくも、イギリスの地は、研究者としての南方に大きな躍進を与えた。いまや科学雑誌の権威として知られる『ネイチャー』への寄稿である。

「『ネーチュール』（御承知通り英国で第一の週間《ママ》科学雑誌）に、天文学上の問題を出せし者ありしが、誰も答うるものなかりしを小生一見して、下宿の老婆に字書一冊を借る。きわめて損じた本でAからQまであって、RよりZまで全く欠けたり。小生その字書を手にして答文を草し、編輯人に送りしに、たちまち『ネーチュール』に掲載されて、『タイムス』以下諸新紙に批評出で大いに名を挙げ、川瀬真孝子（当時の在英国公使）より招待されたることもあることわりし」〔07/13〕

辞書欠けすぎだろ、というツッコミは横にのけて、こうしてKUMAGUSUの名は異国に知れわたった。

きっかけは、当地で購入した『ネイチャー』に東洋の星座に関する問題提起の投書（東洋人の星座の知識はどうなっているのか？）を見つけたことにあった。『ネイチャー』には、誌面上で科学的な疑問に関する問答を繰り広げるコーナーがあり、彼はその応答文を書いて、みごと掲載されたのだ。これが処女作の「東洋の星座」だ。

それ以降、『ネイチャー』にとどまらず、『ノーツ・アンド・クエリーズ』にも多くの論考が発表された。寄稿は日本に帰国したあともつづいた。

知の翻訳

南方の海外デビューは、英語を操れる日本人、という特殊な境遇が幸いしていた。**在野研究の心得その三七、知の翻訳を心がける**。ここでいう翻訳とはただ日本語を外国語に訳すだけではない。学知は本来的にはひとつの全体で決して分断されていないが、専門分化は独自の用語の使用によって、似たようなことをやっていても互いに気づかぬことがままある。この領域でいうアレは私の領域でいうコレ、という翻訳は、研究者同士の活動をより大きく拡げるに違いない。

南方の活躍は、大きな縁故をつくった。美術商である片岡政行が仲介して、大英博物館の情報提供者として重宝されることになったのだ。神道や仏教と不可分の日本宗教美術に関する知識を英語で説明できる人材が求められていた。英語論文を書いたこともパフォーマンスとなって、南方に白羽の矢が立ったのだ。

大英博物館に通いつめた南方は、西洋東洋に関係なく、よく似た風習や民話が語り継がれていることに気づく。このような体験が彼の比較民俗研究へと発展した。

「文士」として生きる

南方は学校嫌いを公言し、学位というものを生涯馬鹿にしていた。「学会に入るのと学位を受けること大嫌いで、学校もそれがため止め申し候」〔10/51〕。なぜか。南方からすれば、「素人学問」の方が「玄人専門の学者を圧するもの多」いと感じられたからだ。「スペンセル〔スペンサー〕、クロール、ダーウィン、いずれもこの素人学問にて千万の玄人に超絶せるものなり」〔07/26〕。素人だからってなんだってんだ。

「ニュートンは常に級の下等にあり、スペンセル氏も学位なし、〔中略〕何にせよ学問は一生暇あればすなわちと出かけるべきなり。いやな学問を無我無尽にやりとおして何の益かある」〔11/77〕

好きだからやる。シンプル・イズ・ベスト。熊楠はこのような素人学者を、「literary men（文士）」〔07/26〕と呼んでいた。「文士」の称号は、プロでもなくアマでもない在野研究者の別称として南方に学位代わりの自尊心を与えたようにみえる。

在野研究の心得その三八、卑屈になるくらいだったら「文士」になれ。学位も評価も職もなく意気消沈していてもなんの生産性にもつながらない。「文士」はもちろんのこと、それこそ在野研究者でも、野良研究者でも、独立研究者でも、日曜研究者でも、要はなんでもいいのだが、自分を鼓舞することができるのなら勝手な肩書きでもつけて（つけなくてもよい）自信をもって仕事に集中するべきだ。大切なのは研究の中身である。

熊野の自然で粘菌研究

南方の父母は共に留学中に死去した。親の死に目には会えず、兄弟を通じて仕送りを貰っていたわけだが、兄のていたらくに呆れた弟からの送金が途絶えると、彼は泣く泣く日本へと帰国せねばならなかった。一九〇〇年、三三歳のときである。

和歌山に帰ってきても、学位ひとつなく、あるのはヘンテコな植物の標本だけ。一族からみれば煙たいだけの南方は同じ和歌山でも田辺の方に移り住む。その地から海外雑誌、そして国内雑誌への投稿を通じて、自身の研究成果を発表していったのだ。

ただ、それと同時に、熊野の森は、南方の粘菌研究に大きな貢献をもたらした。

「只今小生唯一の専門のごとく内外人が惟《おも》う粘菌ごときは、東大で草野〔俊助〕博士が二十八種ばかり集めたに過ぎざるを、小生は百十五種ばかりに日本粘菌総数をふやし申し候。その多くは熊野の産なり」〔07/28〕。

南方の粘菌研究は、彼の民俗学や植物学の研究以上に重要な核をかたちづくっている。新種発見はもちろんのこと、一九二九年には昭和天皇に粘菌の標本を献上している。キャラメル箱に入っていたことで有名なエピソードだ。

そんな印象が強烈に残っていたのか。南方が死去したさい、昭和天皇は「雨にけぶる神島を見て紀井の国の生みし南方熊楠を思う」〔12/341〕という御製を詠んだという。

書物を超える好奇心

南方は積極的に自分の研究成果を世に知らしめようとはしなかった。世評や名誉のために研究することは南方にとっては邪道だったからだ。だからこそ、彼の単著が初めて出版されるのは、六〇歳になろうかという年と、ずいぶん遅い。やる気のない南方の代わりに編集や校正をつとめた民俗学者の中山太郎は次のような編者序文を書いている。「夙《つと》に刊行されるべき筈の南方氏の書物が、我が国で刊行されなかつたに就《つい》ては相当の理由がある。氏は日本の現在の国情に愛憎を尽かしてゐる。就中《なかんずく》、学者を尊重せぬ気風を嫌《けん》厭《えん》してゐる。従つて発表すべきものがあれば外国でするとて、是れまで誰がすゝめても首を縦に振らなかつた」〔13/1〕

南方の生前の出版物の多くは、金策に迫られたもので、書物よりも野外に自分の居場所を求めた彼にとって出版事業は魅力的なものにうつらなかった。大事な成果は往々にして死後出版される。「学者いずれも深奥重畳《ちょうじょう》の学問の底処は公刊せず、多くは後年を期して一、二会心の友に書き与えしものなり（ダーウィンなどすら然り）。これ欧州に死後集の出板多き所以なり」〔06/224〕。実際、南方熊楠の今日的意義は、公には出版されなかった柳田国男宛や土宜法龍宛の書簡からしばしば再発見されている。

一人の研究者が業績としての論文を書く。そして論文が多ければ多いほど彼は良き研究者である。そういった研究者観は、制度のために求められる固定観念にすぎない。

対話や雑談、しばしばノイズが入り乱れる多声的な場のなかで生成する知というものがある。南方の娘の文枝は銭湯に行って情報収集していた父の姿を語る。

「夕刻になると、自宅の風呂には入らず、ぶらりと町の銭湯に出かけるのが常であった。幾時頃には誰々が来る頃だから、今一度、昨日の話を聞きたい、と時刻を見計らって出かけ、〔中略〕入り代わる町の古老や職人達から、珍しい話や古い話など聞くのが楽しみであり、また、大変得る事が多く勉強になったようで、この銭湯で親しくなった町の人達も少なくはなかった」[14/2]

学問はいたるところにある。西洋にしかないわけではないし、いわんや、大学にしかないわけでもない。元祖グローバル研究者にとって重要だったのは、書物を盲信せずに自分の足と眼と、そして頭を信じてどこであれ実際に行ってみること。そんなたぐいまれなる知的好奇心であった。

【引用文献番号】

01…橋爪大三郎発言、「小室博士の学問世界」（シンポジウム）、橋爪大三郎編『小室直樹の世界——社会科学の復興をめざして』収、ミネルヴァ書房、二〇一三。

02…「超天然記念人物・小室直樹先生の生活と意見」、『平凡パンチ』、一九八三・二・二一。

03…南方熊楠「千里眼」、『南方熊楠全集』第六巻収、平凡社、一九七一。初出は『和歌山新報』、一九一一・六・一〇〜一八。

04…南方熊楠「柳田国男宛書簡」（一九一一年一〇月一七日）、『南方熊楠全集』第八巻収、平凡社、一九七二。

05…南方熊楠「平家蟹の話」、『南方熊楠全集』第六巻収、平凡社、一九七三。初出は『日刊不二』、一九一三・九・二〇〜二八。

06…南方熊楠「柳田国男宛書簡」（一九一一年一〇月二五日）、『南方熊楠全集』第八巻収、平凡社、一九七二。

07…南方熊楠「履歴書」（「矢吹義夫宛書簡」、一九二五年一月三一日）、『南方熊楠全集』第七巻収、平凡社、一九七一。

08…南方熊楠「喜多幅武三郎宛書簡」（一八九一年八月一三日）、『南方熊楠全集』第七巻収、平凡社、一九七一。

09…南方熊楠「土宜法龍宛書簡」（一八九三年一二月二四日）、『南方熊楠全集』第七巻収、平凡社、一九七一。

10…南方熊楠「柳田国男宛書簡」（一九一一年六月二五日）、『南方熊楠全集』第八巻収、平凡社、一九七二。

11…南方熊楠「杉村広太郎宛書簡」（日付なし）、『南方熊楠全集』第七巻収、平凡社、一九七一。

12…平野威馬雄『くまぐす外伝』、ちくま文庫、一九九一。

13… 中山太郎「編者序」、南方熊楠『南方随筆』収、岡書院、一九二六。
14… 岡本文枝「追想」、『南方熊楠全集』月報第一二号収、平凡社、一九七五。

【引用しなかった参考文献】

・鶴見和子『南方熊楠——地球志向の比較学』、講談社学術文庫、一九八一。
・『南方熊楠——奇想天外の巨人』、平凡社、一九九五。
・水木しげる『猫楠——南方熊楠の生涯』、角川文庫ソフィア、一九九六。初版は講談社、一九九一〜一九九二。
・中沢新一『森のバロック』、講談社学術文庫、二〇〇六。初版はせりか書房、一九九二。

旅立つことを恐れない

橋本梧郎（はしもと・ごろう　**1913-2008**）植物学者。21歳のときにブラジルに移民として移住し、そこから死ぬまで現地の植物採集とその研究を始める。サンパウロに自然科学博物館を設立させる。日本政府からの受章多数。主著は『ブラジル植物記』、『ブラジル産薬用植物事典』。

橋本梧郎略年譜

1913　1月30日、静岡県小笠原郡にて誕生。

1930　県立掛川中学校を卒業。この頃から本格的に植物採集を開始。

1932　日本植物学会会員となる。日本から離れるさい、植物標本4000点を国立科学博物館に寄贈する。

1934　ブラジルのサントス港に上陸。

1936　サンパウロ市エメボイ農業学校卒業。日本語学校校長就任。

1938　サンパウロ市栗原自然科学研究所生物学部長に就任。リオ・デ・ジャネイロ市の第一回南米植物学会議に出席。

1950　サンパウロ市博物研究会を創設、その顧問になる。

1954　パラナ州グァイラ市に創設されたマテ・ラランジェイラ会社経営の農事試験場場長になる。

1958　ブラジル移民50年祭典にあたり日本の外務大臣より大杯受領。

1961　グァイラ市にセッテ・ケーダス博物館を創設。館長になる。

1962　『ブラジル植物記——身近な有用植物の知識』（帝国書院）を刊行。

1965　グァイラ国際学園園長になる。

1977　パラナ州ローランジア市に創設された、パラナ日伯文化連合会経営のパラナ開拓農業博物館の資料収集にあたり、初代館長になる。

1978　ブラジル移民70年祭典にあたり日本外務大臣より大杯受領。パラナ州グァイラ市の市長から褒賞牌を受領。『ブラジルの果実』（農林統計協会）を刊行。

1983　サンパウロ市フェラース・デ・バスコンセーロス市に創設の自然科学博物館の経営にあたる。『ブラジルの野菜』（農林統計協会）を刊行。

1984　サンパウロ市博物研究会の本部に植物標本を主とした標本館を設立、館長となる。

1988　ブラジル日本文化協会より、学術交流貢献者として表彰される。

1990　日本政府より、勲五等双光旭日章を受章。

1996　『ブラジル産薬用植物事典』（アボック社出版局）を刊行。これにより第33回吉川英治文化賞受賞。

2001　静岡県立大学から名誉博士号を授与。

2008　8月26日、多臓器不全により死去。享年、95歳。

南方の次に紹介する、そして本書のフィナーレを飾る研究者は植物学者の橋本梧郎である。

在野のスターである南方に比べ、橋本の名は人口に膾炙していない。けれども、橋本は南方と大きな共通点がある。それは天皇に粘菌の標本を献上したということだ。

「その頃の大使がみやげに動植物の標本を作ってくれということになって、植物標本も大分つくったなー、あの当時昭和天皇がネンキンというきのこを研究していましたから北パラナのウライで採集した覚えがあります。マット（森）の中で虫眼鏡がいるぐらいの小さなものを探すんです。点数にして100点くらいかな、採集して箱に収めて、大使がもっていきました。2回くらいあげたかな」〔01〕

一九三〇年代のことのようだが、正確な年は分からない。南方が献上したのは一九二九年のことだった。

ただし、「戦争が近づいていたということも、移民するきっかけとなりました。〔中略〕私は身体が貧弱だし、戦争に行っても真っ先に鉄砲だまに当たって死んじゃうだろうし、そんなバカな話はない」〔01〕と、南方と違い、戦争が厭でブラジルに脱出した側面もある橋本にとってみれば、その献上行為には心中複雑な思いを感じないわけにはいかなかっただろう。

とまれ、南方のような奇人に驚嘆する一方で、植物研究のために、単身、遠いブラジルの地に移民として出て行った若者がいたことはいま改めて記憶されていい。橋本梧郎。梧郎のゴの字は吾でも悟でもなく、植物学者だけに木へんを用いる。注意せよ。

ブラジルへの移民政策

「私は7人兄弟の末っ子で、わりあい恵まれた家庭に育ち、早くから植物が好きでした。出身は静岡県の真ん中あたりに位置する所で、その当時、植物を採集して歩いて、日本は非常に狭いと感じたのです。ここにいても、もう植物採集のおもしろ味がないと思ったのでしょうね。それから、もっと広い場所で、あるいはもっと熱帯の暖かい所で少し採集したり研究してみたいという気持ちになりました」[02/48-49]

日本からブラジルへの移民が実現したのは、一九〇八年。日露戦争後二年目に襲った経済恐慌によって、困窮した農民らが続出し、その打開策としてブラジルが出稼ぎの地として喧伝された。だからこそ、戦前にブラジルに移住した日本人のほとんどは農業に従事した。

ただし、橋本の場合は、まず日本語学校の校長となり、つづいて栗原自然科学研究所部長、日本館庭園部長、農事試験場場長、博物館館長など、なかなかにインテリな経歴を歩んだ。橋本ははなから研究目的で、つまりアマゾンもある広大なブラジルの自然植物に惹きつけられて、イチかバチか移住してきた男だったから、それ以外のことには目もくれなかった。

素人からすると、静岡県が終わったのなら九州や沖縄を調査すればいいのではないか、とも考えてしまう。が、橋本は「自分の行けるのはまずブラジルしかない」［02/49］と固い決心で旅立ちを決めた。曰く、「サンパウロ市の郊外の農業学校が生徒を日本で募集していることを朝日新聞の広告で知り、東京で選考を受けて渡航したわけです。その学校でまる2年、ブラジル農業とか言葉をまず覚えました。それが、私の学歴です」［02/49］。「橋本ゴロウ物語」という副題をもつ馬場淑子の児童向け伝記『ブラジルに夢をおって』（講談社、一九八八年）によると、中学時代、世界各国を飛び回っていた探検家の菅野力夫が各地の学校で行っていた講演も渡伯を決意させる遠因となったようだ。

小使い兼校長兼事務員

一人ぼっちの旅は、当然、生活の面倒を誰にも頼れない不安と表裏一体だった。「独りで来たのですからもちろん自分で稼がなければなりません。一方でやりたいことがあって、どうするかということになります。一口で言えば、なるべく植物の研究のできるような仕事を選んで、何とかやってきたということです」［02/54］

橋本によれば、当時の移民とは単なる労働力に過ぎなかった。より率直にいえば「いわば奴隷の代り」［02/51］として求められた。戦前の移民政策は、ふつう家族単位（ただし赤ん坊がいては困るから子供は一五歳以上）で雇われ、橋本のように単身ブラジルに渡ることは稀だった。しかし、この特殊事情が幸いしてか、橋本は少なくともそのような「奴隷」的労働をせずに済んだ。

最初に橋本が始めたのは日系人の植民地にあった日本人学校の教師だった。人が足りなかったのか、その仕事は多忙を極めた。「小使い兼校長兼事務員兼というのを全部1人でやりました。しかも複式ですから、何学級かを1人で教えなければなりません」[02/54]。

学校業務、近所にいる毒蛇の脅威、原始林で迷子になる危機、初めての自炊、等々。新生活の困難のなかで、しかし橋本は「でも植物採集はしていました」[02/54]と回想する。植物研究がやりたい一心で渡伯までしたそのモチベーションは、日々の雑務のなかでも消えることはなかったのだ。

栗原自然科学研究所に所属

新生活と研究の両立に戸惑いながらも、なんとかバランスをとろうとしていた橋本に転機が訪れる。栗原自然科学研究所の創設である。橋本はここの機関誌『自然』(一九四〇年から刊行)に論文を発表し、編集も手がけた。

「栗原自然科学研究所―現在はもうありませんが―というものがサンパウロ市に出来ました。当時のサンパウロの総領事館がバックアップしてくれたので多少の資金を仰いで、スタッフ5〜6人で発足したのです。1938年のことです。〔中略〕それで暇が得られましたから、私はまずブラジルの植物園や専門家のところに行くべきだと思って、少しは言葉も出来ましたから、サンパウロ植物園に通い、採集品を持参して同定してみたり、ついには蔵書を自由に閲覧できる許可を得たり、自分の研究を進めました」[02/57]

しかしそんななか、橋本に最大級の不運が降りかかる。太平洋戦争である。日独伊の枢軸国の国籍のある者は、様々な制限がかけられた。橋本にとって一番大きかった打撃は、長い旅行ができにくくなったこと。いちいち警察に出頭し届出を出さなければ旅に出ることができなくなった。これが二年間ほどつづく。

戦争が終わり、ふと見渡してみると、研究所にいた日本人は戦いのドサクサでほとんど残っていなかった。それ故、「研究所の資料というのは、結局私に押しつけられて、ずっと持ち歩くはめ」[02/58]になった。戦争とは厭なものである。

橋本は都市サンパウロから離れることを決め、パラグアイ国境に近い、奥地にできる予定の農事試験場で働かないかという勧誘を受けることにした。「ここは例の大滝イグアスに近く、その向こうはもうパラグアイ。そういうところならおそらく植物調査もされていないだろうし、これはおもしろいということで、そこへ飛び込んだわけです」[02/58]。

ブラジル植物探検史

一九六二年、五〇歳になろうとする頃、橋本は初めての著書『ブラジル植物記』を刊行する。そして、二〇〇二年に出た研究の集大成といっていい二千頁を超える大著『ブラジル産薬用植物事典』を出版するまで、研究の成果を断続的に公刊した。ちなみに、事典はトヨタ財団から研究助成金を受けている。

橋本はブラジルの植物研究の歴史を四期に分けている。

第一は「本草期」で、ブラジル発見の一五〇〇年から一六三六年までを指す。専門家による研究はないが、年代記作家によって植物や薬物が部分的に記述されていた。第二は「黎明期」、一六三七年から一八一七年の間だ。ここで真の意味での植物学がブラジルに生まれた。第三は「発展期」、一九〇六年まで。探検が盛んに行われ、多くの学術機関が設立された。そして、最後がマルティウスの『ブラジル植物誌』が完成して以降の「現代」だ[03/26-29]。

ドイツの植物学者で、一八一七年から行われたオーストリアのブラジル学術探検に参加したマルティウス（Carl Friedrich Philipp von Martius, 1794-1868）は、橋本の尊敬する学者の一人である。

在野研究の先達

還暦を超えてからの晩年の橋本は、ブラジルの植物を網羅しようと、アマゾン地帯への調査に意欲的だった。魅力的な植生があることは分かっているものの、そのぶん簡単には足の踏み込めない世界がそこには広がっていた。調査のためには、船を使っての片道一週間から一〇日ほどもかかる旅の負担を覚悟せねばならない。

そのため、橋本は大家族化した移民のコミュニティから押し付けられる様々な役職〔初期移民者としてのまとめ役〕を断り、研究に没頭しようとした。「研究に専念するということと同時に、世間のわずらわしいことから自由でいようと思い定めたのです」〔02/61〕。

二一歳という若さから始めた植物研究は、結局、九五歳で逝去するまでつづけられた。岡村淳という映像作家は、晩年まで意欲旺盛だったその姿をドキュメンタリーのかたちで今に伝えている。橋本はこういっていた。「私の経験から言えば、やはり若い時に何か志を、一生かけてやろうということを持てた人は幸福だと思います」〔02/60〕。

国籍を移し異国の地で清貧生活のなか地道に取り組まれた植物研究は七〇年以上に及ぶ。しばしば孤独だったその営みを勇気づけたものは、一体なんなのか。

橋本は渡伯するとき、先に挙げたマルティウスと共に、世界でもっとも有名な在野研究者といっても過言ではないチャールズ・ダーウィンの世界旅行のことを考えていた。ダーウィンは大学では自然科学ではなく神学を専攻していたが、卒業後に世界旅行に出て本格的な博物学者として覚醒していく。「中学の教科書にも、博物学、あるいは博物通論」〔02/49〕の記述があり、それによって橋本は二人のことを知ることができた。

「ダーウィンは、若い時にビーグル号に乗って約6年間かかって世界を一周し、それが進化論の一つの基礎になりました。調べると、そのダーウィンがビーグル号に乗った時が22歳。それから『ブラジル植物誌』という有名な膨大な本があります。〔中略〕その最初の計画・編集をしたのがマルチウスというドイツ人。その彼が最初にブラジルに来たのが23歳の時。対する自分は21歳だから、彼らよりちょっと若いわけで、これだったら負けないという気持ちで、私はブラジルに行ったわけです」[02/49]

現在、留年や休学なしでストレートで進めば、大学卒業はだいたい二二歳、大学院修士課程卒業ならば二四歳といったところだろうか。同じような年齢のまだ『種の起原』を書く前の若きダーウィンは、父を説き伏せて『ビーグル号航海記』にまとめられることになる世界周航の冒険へと出かけた。橋本は、マルティウスふくめ、彼ら先人が同年代で決めた過去の決心を介して、自分を鼓舞し、単身ブラジルへ渡る決心を固めた。

決心によって決心できる。**在野研究の心得その三九、先行する研究者たちの歴史に学べ**。研究をするには絶対に大学に属さなければならないのか？　そのような考え方は過去に対する無知と過剰に内面化した規範に由来する思い込みだ。いままでなされてきた在野研究者たちのデコボコの小径を少したどるだけで、我が身を導き激励するような、数多くの先達がいたことに気づく。それは自分自身を勇気づけて前進するためのひとつの方法となる。本書の念願もすなわちこれであった。

【引用文献番号】

01…橋本梧郎「植物研究者…橋本梧郎さん」（インタビュー）、『移民百年祭』、http://100nen.com.br/ja/qq/000017/20030411000093.cfm。

02… 橋本梧郎「ブラジルの薬用植物研究誌」、『プランタ』、二〇〇〇・一。
03… 橋本梧郎『ブラジル産薬用植物事典』、アボック社出版局、一九九六。

【引用しなかった参考文献】

・半田知雄『移民の生活の歴史――ブラジル日系人が歩んだ道』、サンパウロ人文科学研究所、一九七〇。

あとがき——私のことについて、あるいは、〈存在へのあがき〉について

この本は元々、インターネット上で運営されているオピニオン・サイト「En-Soph」(エン-ソフ)において、二〇一三年一〇月から連載が始まった「在野研究のススメ」を、単行本用に加筆修正して再構成したものである。

今回、一冊の本としてまとめるなかで、どうしてこのような連載を始めたのか、というそもそもの問いがボンヤリと浮かんできた。

近代文学、とりわけ白樺派の有島武郎の文学を専門とする私は、ここで取り上げたいくつもの専門分野からすれば、ただの門外漢でしかない。評伝を書くのが得意というわけでもない。普段は、文学テクスト(だいたい小説のこと)の細部の表現や言葉遣いをこねくり回して新解釈を編み出すという、一体誰のトクやタメになるのか全く分からないような作業しかしていないからだ。

明らかに私の性に合っていない。これを書くのに、もっと相応《ふさわ》しい人がいたのではないか? 白状すればそう思ったこともないではない。

ただ、いま三浦つとむから橋本梧郎までの一六の列伝を通読してみて、他方で、これは私にしか書けないものだった、という自負のようなものも感じている。

それは当然、私自身が大学に属さずに、清掃のパートタイム労働をしながら文学研究をしている、在野研究者の一人であることに関係していよう。けれども、明らかにそれだけではない。

私は二〇一一年から近代文学の研究論文（と私が呼んでいるもの）のほとんどを、インターネットで公開することで、自分の研究を世に問う在野での活動を始めた。この成果をまとめたのが、自費出版で出した『小林多喜二と埴谷雄高』（ブイツーソリューション、二〇一三年）だ。

しかし、振り返ってみれば私は最初から在野であったわけではない。私には一応、修士号の学位がある。学部を卒業してから二年間は大学院に通っていた。

そんな院生時代、私はことあるごとに大学教授から、研究者になりたいのなら教師になるしかない、と言われていた。研究職とは同時に教職でもある。至って普通の指導である。けれども、なにを狂ったのか、私はそのたびごとに憤怒《マジギレ》して、怒りでヘキエキした夜は酒をあおって憂さ晴らしするという日々を繰り返していた。

なにが嫌だったのか。色々あるのだろうが、おそらく一番大きかったのが、研究者イコール教師であるという自明の認識を押しつける、その無自覚な鈍感さに私は耐えられなかったのだ。

もちろん、研究者と呼ばれる者たちの圧倒的多数が大学に所属する教員であることは間違いない。けれども、その言葉は、諸々の事情で大学には通えずも知的な関心を失わずに毎月刊行される人文系新刊をチェックしつづける若者や、会社を勤め上げたあとで自分の生涯に物足らなさを感じて固い研究書を初めてひもとく初老の学生を無視しているように感じられた。

そしてなにより、その言葉は、話がつまらなくて毎度ゲッソリする教師嫌いの私に対して、お前は研究者になる資格がない、と宣告しているのに等しかった。

こりゃあ飲むしかない！

いま思えば、私は無知だったのだろうと思う。研究者が教師であらねばならない、などという意見が間違っていることは直感的には理解できた。学校のなかでしか生きられないほど天下の学問様がヤワなはずないだろ、このスットコドッコイ！

けれども、それを具体的に反駁するために必要な知識や技術が当時の私には欠けていた。たとえば、三浦つとむや吉野裕子や橋本梧郎といった在野研究者の先達の名を知り、彼らの業績について話す術をもっていれば。無意識に私たちを支配してくるいくつかの先入見を、少しだけズラすことができたかもしれない。

いまならばそんなふうに思う。

だから、いまここにあるこの本は、過去の私が未来の私に課した私にしか応えられない宿題なのだ。

果たして、私はきちんと応えられているだろうか？ それは、いまの私ではなく過去の私のようないまの読者が決めることだろう。

在野の成功者（?）ばかり扱い、いささか自己啓発本のようになってしまった中身について、少しばかり注意書きをしておくべきだろうか。

いうまでもなく在野研究者のほとんどは無視されるし、実際の能力として正規の研究者にしばしば劣り、反応されたとしてもトンデモだと呼ばれ、労働とのバランスも多くの場合に崩れがちになるだろう。私もまたそのような無名に埋没する無数の研究者の一人である。

しかし、それならば研究などやらず済ませることができるのだろうか。無論、済ませたとて悪いことはない。けれども、もし自分のなかにそれで済まない志を感じるのならば、たとえ不細工に終わるのだとしても、やってみることに価値がないとは思わない。

南方熊楠や橋本梧郎がリスペクトしていたダーウィンは、進化論を唱えたことで有名だ。けれども、彼は〈進化 evolution〉という言葉を積極的に使わなかった（積極的だったのは、同じく在野の社会学者だったスペンサーの方だ）。だから、『種の起原』初版を読むと、進化論の本のくせして、進化という言葉にお目にかかることはほとんどない。

ダーウィンが進化の代わりに用いたのが、〈変化に伴う由来 descent with modification〉である。進化の語は、サルよりもヒトの方が進んでいるというような進歩主義的な意味合いを含んでしまっている。しかし、進化の現象は、到達すべき唯一の完成体に至る計画的な道筋ではなく、様々な偶発的事件や環境との適応のなかで、折り合いながら生き残ろうとする生の流れにこそ宿る。

大槻憲二は「「イヴォリューション」（evolution）と云ふ語を「進化」と訳した人の観念の中には価値観的な考へ方が多分に混入してゐたのではないか」として、evolutionに「巻いたものを披《ひろ》げる」という意味での「発展」という訳語をあてがった（『精神分析性格改造法』）。また、南方熊楠はスペンサーの進歩主義的な社会ダーウィニズムを批判して「世界ということ、その開化の一盛一衰は、到底夢のようなものにて、進化と思ううちに退化あり、退化するうちにも進化あるなり」と述べた（「土宜法龍宛書簡」）。いずれもダーウィンの思想を的確に受け継いでいる。

生物学の知見を人間社会に安易に適用するという繰り返されてきた愚を十分警戒しつつ、それでもアエテいってみるならば、院生から大学教授へと進んでいく単線的な〈進化〉の発想ではなく、研究者の様々な〈変化 modification〉に私はこれからの希望を見ないわけにはいかない。

生き残るためには、場合によっては闘うことが必要で、闘いに負けた敗残者たちは無名のままに消え、忘れ去れていく。けれども、生き残り方は一つではない。〈生存闘争〉、いや、訳を変えよう。〈存在へのあがき struggle for existence〉は、闘いにおける強さというものの様々なモードを許容する。

在野研究の心得その四〇、この世界には、いくつもの〈あがき〉方があるじゃないか。約《つづ》めていえば、本書のメッセージはこれに尽きる。

最後に三つばかり謝辞を述べておきたい。

第一は、エン-ソフの同人一同、とりわけ連載時に編集の協力をしてくれた東間嶺さん。発足時から参加しつつも、いったい何の目的でやっているのか、書いている当人も皆目見当のつかない謎のウェブ・メディアと化しているが、〈インディペンデント〉を掲げるこのサイトに「在野研究のススメ」を連載できたことをいまは嬉しく思う。

第二に、本書の編集を担当してくれた山本浩史さんと塩原淳一朗さん。とりわけ塩原さんがインターネットというテクストの海から「ススメ」の連載を発見し、サルベージよろしく、書籍化の企画を持ちかけてくれなかったら、モノとして流通するテクストには結実しなかっただろう。ありがとうございました。

そして最後は、読者に。読書家はしばしば忘れがちだが、一冊の本を読み通すことは根本的に大儀である。私も本の魅力に感化されたのがずいぶん遅かったから、その苦労にはおぼえがある。様々なタイプのメディアから大量の情報が溢れ出す今日、それでもなお本書に幾分かの時間を分け与えてくれたことに、心から感謝したい。

二〇一五年一一月二十四日

荒木優太

荒木優太 あらき・ゆうた

1987年東京生まれ。在野研究者（専門は有島武郎）。明治大学文学部文学科日本文学専攻博士前期課程修了。En-Soph、パブー、マガジン航など、Web媒体を中心に、日本近代文学関連の批評・研究を発表している。2015年、「反偶然の共生空間——愛と正義のジョン・ロールズ」が第59回群像新人評論賞優秀作となる。

著書に『小林多喜二と埴谷雄高』（ブイツーソリューション、2013年）。論文に「有島武郎『卑怯者』における子供／達の群れ——〈他者〉論のパラドックス」（『有島武郎研究』18号、2015年）。

著者ツイッターアカウント：@arishima_takeo

カバー著者近影撮影／東間 嶺
校閲／せきれい舎
編集協力／塩原淳一朗
編集／山本浩史（東京書籍）

ブックデザイン／松田行正＋杉本聖士（マツダオフィス）

これからのエリック・ホッファーのために
在《ざい》野《や》研究者《けんきゅうしゃ》の生《せい》と心得《こころえ》

2016年3月　1日　第1刷発行
2020年2月28日　第2刷発行

著者　荒木《あらき》優太《ゆうた》

発行者　千石雅仁
発行所　東京書籍株式会社
東京都北区堀船2-17-1　〒114-8524
電話　03-5390-7531（営業）　03-5390-7508（編集）

印刷・製本　図書印刷株式会社

ISBN978-4-487-80975-2 C0095